19'50 €

03

ACCESO GRATIS ***a la Lectura en la Nube***

Para visualizar el libro electrónico en la nube de lectura envíe junto a su nombre y apellidos una fotografía del código de barras situado en la contraportada del libro y otra del ticket de compra a la dirección:

ebooktirant@tirant.com

En un máximo de 72 horas laborales le enviaremos el código de acceso con sus instrucciones.

La visualización del libro en **NUBE DE LECTURA** excluye los usos bibliotecarios y públicos que puedan poner el archivo electrónico a disposición de una comunidad de lectores. Se permite tan solo un uso individual y privado

LA GARANTÍA DEL DERECHO A LA SEGURIDAD Y SALUD EN EL TELETRABAJO

Procedimiento de selección de originales, ver página web:
www.tirant.net/index.php/editorial/procedimiento-de-seleccion-de-originales

LA GARANTÍA DEL DERECHO A LA SEGURIDAD Y SALUD EN EL TELETRABAJO

ARTURO MONTESDEOCA SUÁREZ

tirant lo blanch
Valencia, 2024

La presente obra ha sido sometida a la revisión de pares ciegos según el protocolo de publicación de la editorial a efectos de ofrecer el rigor y calidad correspondiente tanto en su contenido como en su forma, aplicándose los criterios específicos aprobados por la Comisión Nacional E 016 (BOE num. 286, de 26 de noviembre de 2016).

La presente aportación ha de encuadrarse en el marco del Proyecto "Respuesta de las empresas turísticas ante la reordenación del sector: entre la crisis y el plan Next Generation EU", Subvención directa nominativa a la Fundación Canaria Parque Científico Tecnológico de la Universidad de Las Palmas de Gran Canaria (FCPCT-ULPGC) para el impulso de la investigación, el desarrollo y la innovación. Proyecto cofinanciado por el Cabildo de Gran Canaria y la Comunidad Autónoma de Canarias a través de FDCAN, cuyo IP es la profesora Inmaculada González Cabrera, para la anualidad 2023-2024.

EDITA: TIRANT LO BLANCH
C/ Artes Gráficas, 14 - 46010 - Valencia
TELFS.: 96/361 00 48 - 50
FAX: 96/369 41 51
Email:tlb@tirant.com
www.tirant.com
Librería virtual: www.tirant.es
DEPÓSITO LEGAL: V-1512-2024
ISBN: 978-84-1056-370-4
MAQUETA: Tink Factoría de Color

Si tiene alguna queja o sugerencia, envíenos un mail a: *atencioncliente@tirant.com*. En caso de no ser atendida su sugerencia, por favor, lea en *www.tirant.net/index.php/empresa/politicas-de-empresa* nuestro procedimiento de quejas.

Responsabilidad Social Corporativa: http://www.tirant.net/Docs/RSCTirant.pdf

Este trabajo de investigación obtuvo el I Galardón del XXXVIII Certamen del Premio Estudios Jurídicos "Foro Canario" celebrado por el Ilustre Colegio de Abogados de Las Palmas. El fallo del jurado fue emitido el 18 de mayo de 2023.

El jurado estuvo integrado por las siguientes personas:

Presidente

Excmo. Sr. Don Rafael Massieu Curbelo

Vocales

Excmo. Sr. Don José Luis Lorenzo Bragado
Iltmo. Sr. Don Emilio Moya Valdés
Iltmo. Sr. Don Víctor Carlos Rubio Faure
Iltmo. Sr. Don Juan Avello Formoso
Iltmo. Sr. Don Pablo Saavedra Gallo
Doña Maria del Pino López Acosta
Don Eduardo López Martínez
Don José Emilio Cutillas Schamann Castellano

Secretario

Don Francisco Kabir Vaswani Reboso

"En realidad, lo que enferma no es el exceso de responsabilidad e iniciativa, sino el imperativo del rendimiento, como nuevo mandato de la sociedad del trabajo tardomoderna"

La sociedad del cansancio. Byung-Chul Han

A mis padres

Al profesor J.Mª. Goerlich, a quien agradezco
sus palabras y firma del prólogo

A la profesora y maestra Carmen Grau,
por su tutela y acompañamiento académico

A quien me acompaña en esta etapa de mi vida

Índice

Prólogo

No puedo rechazar la invitación que me hace Arturo Montesdeoca para prologar este libro. Es demasiado joven para que coincidiera con él durante los cursos ¡del siglo pasado! en los que anduve por la Universidad de Las Palmas. Pero ha trabajado con mi querida Carmen Grau, que sí fue alumna mía, a la que, desde la distancia, he venido acompañando en su trayectoria académica, y considero amiga desde hace años. Además, en modo alguno supone un compromiso. No hay que hacer un esfuerzo para acreditar la calidad del trabajo que se presenta puesto que viene avalado por el premio del XXXVIII Certamen de Estudios Jurídicos "Foro Canario", que le fue concedido el año pasado. Así que me voy a limitar a exponer muy brevemente las razones por las que entiendo que el libro que el lector tiene en la mano aborda un tema interesante, en el que vale la pena actualizarse y al que con toda probabilidad habrá que volver en el futuro.

* * * * *

Entre otros efectos, la crisis sanitaria de 2020 implicó la eclosión del trabajo a distancia. Aunque conocido, y regulado, desde antiguo, el trabajo a domicilio ha estado tradicionalmente en los confines del ordenamiento laboral. Incluso después del *restyling* por la reforma de 2012 —que lo rebautizó "trabajo a distancia" y lo dotó de un régimen jurídico algo más detallado—, su presencia en el mercado de trabajo era bien limitada. Esta situación cambió abruptamente cuando, como consecuencia del confinamiento, una buena parte de la población activa se vio compelida al teletrabajo.

Es verdad que esta situación se ha revertido una vez normalizada la situación sanitaria. Pero no lo es menos que el teletrabajo ha perdido su carácter marginal y todo parece apuntar hacia su creciente presencia. Los datos que conocemos indican, en este sentido, que la vuelta al trabajo presencial no ha sido completa: si bien ha disminuido el volumen de personas que prestan servicios a distancia, no ha alcanzado el escaso porcentaje existente antes de la pandemia. Por otro lado, nuestro país continúa teniendo índices muy inferiores al de los países del entorno europeo, lo que permite vaticinar que, en el futuro, puedan incrementarse, a medida que se adviertan las ventajas que tiene, también desde la perspectiva empresarial.

La atención doctrinal sobre el trabajo a distancia, por su parte, ha crecido de forma exponencial con estos acontecimientos. Sin perjuicio de que antes de 2020 contáramos con algunas aportaciones excepcionales sobre el tema, desde entonces el ritmo de producción se ha multiplicado. He mirado por curiosidad el volumen de registros correspondientes al campo del "Derecho social" de los que da cuenta Dialnet si se le consulta sobre el término "teletrabajo". Los resultados son elocuentes: en las dos décadas anteriores no se alcanzan los 50; en la actual, abierta precisamente en 2020 y que no ha transcurrido aún en su mitad, se aproxima a los 300.

Por supuesto, este crecimiento se asocia a la vis atractiva que las reformas normativas tienen para quienes nos dedicamos a esto; y acaso implique por ello un cierto sobredimensionamiento, que hace que su utilidad pueda ser relativa. Sin entrar, sin embargo, en este resbaladizo terreno, sí que creo que es una buena muestra de los retos que el teletrabajo abre a la reconstrucción tradicional de nuestra disciplina. En efecto, desde la perspectiva jurídica, esta forma de prestación pone en cuestión algunos de los conceptos y categorías sobre los que se asienta el entramado al que denominamos Derecho del Trabajo.

* * * * *

Ciertamente, tras su normalización, el trabajo a distancia ha dejado de ser atípico y de moverse en los confines o, incluso, más allá de ellos, en el espacio de la economía irregular. El hecho de que un elevado volumen de personas con empleos previamente presenciales lo hayan experimentado durante el confinamiento ha tenido este efecto, al que no son ajenos, por supuesto, las sucesivas reformas legales. Ya en 2012, pero, sobre todo, en 2020/2021, el legislador ha buscado dignificar esta forma de prestación, estableciendo un régimen jurídico que mira a igualarla con las de corte tradicional. En este sentido, la equiparación entre prestaciones a distancia y presenciales es perseguida de manera casi obsesiva por nuestro legislador de 2020/2021: no le basta afirmar con carácter general un principio de "igualdad de trato y de oportunidades y no discriminación" (art. 4 Ley 12/2021), sino que la idea de equivalencia de los derechos está presente en buena parte de la concreta regulación de condiciones establecida por la legislación específica (cfr. arts. 9.1, 10 o 19.1).

Ello no puede ocultar, sin embargo, las profundas diferencias que separan las prestaciones a distancia y las presenciales, incluso en alguno de los ámbitos en los que se afirma específicamente la igualdad. La presencia física de quien presta sus servicios en un determinado lugar, junto con otras personas que igualmente los prestan, es una nota que ha acompañado a la relación laboral desde el momento en que el contrato de trabajo se ha independizado del derecho común. Aparte de que la determinación por la empresa del lugar de trabajo ha sido tradicionalmente uno de los indicios típicos de subordinación, muchas instituciones laborales, entre ellas prácticamente el conjunto de las que integran el derecho colectivo, presuponen un espacio común de trabajo en el que está presente un colectivo de personas. El teletrabajo no responde, obviamente, a ese patrón y, en consecuencia, puede no ser fácil proyectar sobre él una estructura normativa pensada para el paradigma presencial.

Esto es particularmente evidente en la materia preventiva. La reconstrucción de la obligación empresarial de prevención se basa igualmente en una concepción presencial del contrato de trabajo. Así se advierte desde el inicio de los tiempos. Vale como ejemplo la primera noción de accidente de trabajo, que se remonta a la Ley de 30 de enero de 1900. El "operario" que había de ser protegido era únicamente quien "ejecuta habitualmente un trabajo manual fuera de su domicilio por cuenta ajena". Por ello, el "patrono" responsable de la nueva protección frente al accidente de trabajo se identificaba con el "propietario de la obra, explotación ó industria donde el trabajo se preste" (art. 1) y, en lógica conexión, se establecía un listado de "industrias ó trabajos que dan lugar a responsabilidad del patrono" (art. 2) en todos cuyos ítems se presuponen siempre unas determinadas coordenadas espaciotemporales en las que se prestan los servicios que poco tienen que ver con las prestaciones a distancia. Por más que esta asociación se haya ido superando en el marco de la normalización del trabajo a distancia, continúa implícita en la normativa vigente como se advierte en la presunción de laboralidad del accidente recogida en el art. 156.3 TRLGSS.

* * * * *

"La garantía del derecho a la seguridad y salud en el teletrabajo" es el título de la monografía a la que estas consideraciones sirven de prólogo. Y solo con verlo es fácil pronosticar que explora precisamente este tipo de cuestiones, tanto las más clásicas como las más novedosas. Entre las primeras, como no puede ser de otra manera, se aborda la cuestión de la calificación de las lesiones que se producen durante la jornada cuando el lugar de trabajo es precisamente el domicilio de quien presta los servicios: se da cuenta de los primeros pronunciamientos sobre el tema y se reflexiona sobre ellos. En cuanto a las segundas, que ocupan la mayor parte del contenido, se vinculan con las especialidades que la acción preventiva presenta en el marco del teletrabajo, en línea con los dos grandes problemas que resultan identificados en la normativa específicamente aprobado. Si bien el art. 15 Ley 10/2021 parte de la equiparación de quienes prestan servicios a distancia y de quienes lo hacen de forma presencial, el precepto siguiente identifican dos centros de atención específicos: la forma de desarrollar la evaluación de riesgos en un entorno de trabajo no controlado por el empresario (art. 16.2) y la existencia de "riesgos característicos de esta modalidad de trabajo", vinculados a los "los factores psicosociales, ergonómicos y organizativos y de accesibilidad del entorno laboral efectivo" (art. 16.1). Por supuesto, el lector encontrará un análisis actualizado y detallado de ambos aspectos.

Los temas afrontados en la monografía han sido objeto de análisis con anterioridad, como se observa en las referencias bibliográficas que contiene; y lo seguirán siendo en el futuro. Ni este libro ni los anteriores trabajos pueden cerrarlos, no porque no tengan suficiente calidad o profundidad sino porque es necesario continuar reflexionando sobre ellos puesto que, en el estado actual del desarrollo normativo e interpretativo, distan de haber quedado zanjados de forma definitiva. Es claro, de un lado, que el teletrabajo recrudece la cuestión tradicional de los confines del accidente de trabajo. No es posible para un laboralista dejar de ocuparse de este tema puesto que la determinación del carácter profesional o no de unas lesiones corporales es uno de los genes originarios de nuestra rama del ordenamiento. Pero no puede dejar de advertirse que la evolución normativa ha privado al concepto de su significado primigenio: la vinculación entre protección social y prevención de riesgos, que se advertía en la original legislación sobre accidentes de trabajo (arts. 5.5ª ss. LAT-1900), hace tiempo que se ha truncado (arg. ex disp. adic. 1ª LPRL). Y, confinada en el terreno de la protección social, la noción podría estar un poco a la deriva y acaso convendría reabrir el debate sobre su pervivencia así como sobre el alcance de las especialidades que debe tener en este terreno.

De otro, la definitiva determinación de las especialidades de la evaluación de los riesgos en el teletrabajo y del correcto tratamiento preventivo de los específicamente existentes en este tipo de prestación necesitará igualmente un período de asentamiento. En un caso como en otro, los criterios legales son excesivamente genéricos y requieren un esfuerzo de concreción y adaptación que, con toda probabilidad, ha de ser desarrollado por la negociación colectiva. El importante papel que le corresponde en relación con el teletrabajo y, más en general, viene siendo subrayado de forma reiterada; y, pese al silencio al respecto de las normas legales específicamente dedicados a la prevención, nada conduce pensar que en este terreno no haya de desarrollarlo igualmente. No es por ello de extrañar que las últimas consideraciones del trabajo que se presenta se dediquen precisamente al tema. Si el lector se aventura en ellas, verá confirmada la idea que estoy manejando: a pesar del interés que se ha manifestado por la temática en los niveles más elevados del diálogo social, incluso en el marco europeo, hay todavía un largo trecho que recorrer antes de que los convenios colectivos colmen los espacios que la ley les abre siquiera de forma implícita.

JOSÉ Mª GOERLICH PESET
Catedrático. Universitat de València

1. La incidencia de la digitalización del mercado de trabajo en la seguridad y salud laboral de las personas trabajadoras: las principales respuestas

1.1. DIGITALIZACIÓN Y SALUD

Hoy por hoy es indudable el impacto, en términos de exigencias de adaptación, que el crecimiento exponencial de la tecnología y la incorporación masiva de las tecnologías de la información y comunicación ha tenido tanto en el marcado de trabajo como en las formas de organización empresarial. En este sentido, las relaciones laborales han experimentado un cambio radical interno para adaptarse a un nuevo modelo o proceso de culturalización informática en la empresa[1]. Este proceso ha conllevado para las empresas una apuesta importante por la digitalización, amoldándose a los procesos de innovación y dotándose internamente de una infraestructura tecnológica acorde a los nuevos tiempos y formas de producción[2].

---

1 *Vid.*, sobre las dificultades del seguimiento de la prevención de riesgos en el nuevo contexto digitalizado, SABADELL, M. RIMBAU GILABERT, E. (2020). "La prevención de riesgos laborales ante la digitalización", *Capital Humano: revista para la integración y desarrollo de los recursos humanos,* nº 352, p. 593.

2 *Vid.*, sobre la descentralización productiva como impacto negativo en la salud y seguridad del trabajador, VALVERDE ASENCIO, A.J. "Descentralización productiva y prevención de riesgos laborales", pp. 303-360, en DEL REY GUANTER, S. LUQUE PARRA, M.

Además, la tecnología ha permitido crear nuevas formas o yacimientos de empleo (nómadas, *freelances*), de tal manera que la persona trabajadora puede desarrollar sus funciones desde cualquier punto geográfico contando con un dispositivo electrónico con conexión a internet. Así, se abandona y se rompe con un modelo de gestión de personas basado en la presencia *in situ* de la persona trabajadora en las dependencias de la empresa por la posible deslocalización de la prestación laboral.

Gracias a estas "bondades" que ofrece la tecnología, y a consecuencia de la irrupción repentina y salvaje de la COVID-19, la actividad económica internacional no se paralizó por completo tras la implementación del trabajo a distancia y, concretamente, en modalidad de teletrabajo. Por consiguiente, el exponencial desarrollo del teletrabajo a raíz de la COVID-19, permitió poner de relieve diversos aspectos y preocupaciones sobre la seguridad, la salud y el bienestar de las personas trabajadoras, ocupando una centralidad más que oportuna.

En este sentido, una cuestión cierta es que la irrupción del COVID-19 ha permitido focalizar y señalar la importancia de diseñar los "nuevos lugares de trabajo digitalizados" por el evidente riesgo asociado a la interactuación persona trabajadora-tecnología. Se está haciendo referencia a diversos factores como la extralimitación de la jornada de trabajo, los tiempos de disponibilidad e inmediatez de respuesta, aislamiento, carga y ritmo de trabajo, equipamiento y entorno de trabajo, entre otros, que inciden directamente en la salud de las personas trabajadoras.

Con todo, en una sociedad altamente expuesta al uso de los dispositivos digitales, se distorsionan los márgenes entre el tiempo de uso privado —o íntimo— y profesional —o externo-, suponiendo un impacto en términos de seguridad y salud aún por determinar. Y, precisamente, en la

---

(2001). *Descentralización productiva y relaciones laborales: problemática jurídica actual,* Editorial Lex Nova.

era postindustrial propia de las nuevas tecnologías donde predomina la inmediatez de respuesta, la información continua y la alta conectividad a los dispositivos electrónicos aparecen riesgos emergentes, los denominados riesgos psicosociales[3]. Esta situación se agrava por el hecho de evaluar e identificar el origen de estos riesgos por la adicción tecnológica a fin de distinguir la causa común o profesional. Por tanto, la separación de los riesgos por horarios privados y profesionales es una variable vinculada al estilo de vida actual, viéndose agravada por el teletrabajo.

Como consecuencia de este nuevo de modelo de trabajo caracterizado por una mayor implicación personal de la clase trabajadora físico-psíquica, se manifiesta otro factor que ha potenciado la digitalización, la exigencia emocional de la prestación laboral. Las personas trabajadoras en el desempeño de la actividad laboral asumen una carga emocional asociada al tipo de trabajo o prestación que desarrollan. Esta actividad emocional está condicionada por las funciones, responsabilidades, carga de trabajo, etc., que conlleva un desgaste físico e intelectual que debe evaluarse a efectos preventivos. Y en este contexto, la doctrina señala que es crucial el desarrollo de "la inteligencia emocional", es decir, de adquirir las competencias y habilidades que permiten valorar las situaciones con mayor objetividad, ofreciendo mayor eficacia personal y capacidad de adaptación a este tipo de demandas[4].

---

3 *Vid.* GRAU PINEDA, C. (2007). "Nuevas estrategias preventivas frente a los nuevos riesgos psicosociales", *Gestión Practica de Riesgos Laborales*, nº 38, pp. 18-38.

4 De conseguir una actuación comprometida de la empresa por el bienestar personal de su plantilla podría lograrse: una rebaja de los niveles de estrés y ansiedad, actitud laboral positiva, alto nivel de auto-motivación, mejora del clima laboral, adaptación al proceso de incertidumbre, fidelización del personal con la evidente disminución del absentismo, entre otras. *Vid.* ZARRAQUIÑOS ELORZA, I., GONZÁLEZ SUÁREZ, J.A. (2010). "Inteligencia emocional: una eficaz herramienta para la prevención de riesgos laborales, *Gestión Práctica de riesgos Laborales*, nº 73, pp. 14-15.

El inevitable crecimiento y desarrollo de la inteligencia artificial ha permitido crear sistemas que permiten, a través de la lectura de sus datos biométricos, "detectar o deducir las emociones o las intenciones de las personas[5]". El desarrollo de este tipo de tecnologías de control pretende alcanzar el bienestar personal; un buen ejemplo lo constituyen los relojes o pulseras que monitorizan nuestra frecuencia cardíaca. Por lo tanto, este tipo de herramientas permite obtener información relevante sobre el estado físico, emocional e incluso psíquico de las personas, siendo una fuente de almacenamiento de información privada[6].

En este sentido, las primeras experiencias en tecnología emocional han arrojado buenos resultados en materia de riesgos laborales. Así, la doctrina[7] que ha profundizado en su estudio ha destacado que la predicción algorítmica de las emociones supone una herramienta de ayuda importante en la evaluación ergonómica del riesgo. Y que, además, estas herramientas recogen información de forma inmediata sobre datos de salud de las personas trabajadoras. La correcta utilización de esta información por la empresa permitiría comprender mejor el comportamiento y desarrollo de la prestación laboral por la plantilla..

Por contraposición, pueden identificarse riesgos asociados a sus características técnicas ya que puede recabar mucha información, es decir, "datos de carácter personal de

---

5 De acuerdo con lo dispuesto en el art. 3.34 de la propuesta de Reglamento del Parlamento europeo y del Consejo por el que se establecen normas armonizadas en materia de inteligencia artificial. Esta propuesta constituye tal y como expresa su exposición de motivos, una apuesta en el ámbito de la UE por "preservar su liderazgo tecnológico y garantizar que los europeos puedan aprovechar nuevas tecnologías que se desarrollen y funcionen de acuerdo con los valores, os derechos fundamentales y los principios de la UE".

6 *Vid.*, al respecto en profundidad por la importancia de la materia en MONTOYA MEDINA, D. (2021). "Teletrabajo y prevención de riesgos laborales", *Revista Española de Derecho del Trabajo*, nº 243, pp. 634-640.

7 MUÑOZ RUIZ, A.B. (2023). *Biometría y sistemas automatizados de reconocimiento de emociones: Implicaciones jurídico-laborales*, Valencia, Tirant lo Blanch, p. 115.

naturaleza biométrica", planteando serios interrogantes en cuanto a la vulneración de derechos fundamentales tales como la intimidad *ex* art. 18.1 CE y la protección de datos personales *ex* art. 18.4 CE[8]. Ya que, en definitiva, constituye una tecnología de control altamente invasiva en los derechos fundamentales señalados.

Por otro lado, se ha planteado la posibilidad de conjugar la utilización de aplicativos basados en realidad virtual y realidad aumentada como método de apoyo a la política preventiva[9]. La implementación de la realidad virtual con un enfoque preventivo puede abordarse desde dos momentos diferentes: en el área de diseño y en la de formación. En el área de diseño, la realidad virtual permitiría evaluar y abordar situaciones de riesgo y peligro reales de la actividad profesional correspondiente. En consecuencia, actuaría a modo de ayuda imprescindible, una anticipación en el diseño del plan preventivo sobre un entorno de trabajo seguro. Y, en cuanto a su adopción en el ámbito formativo, se le otorga un valor importante a la adquisición por las personas trabajadoras de los conocimientos necesarios sobre la actividad preventiva en su puesto de trabajo a través de una fórmula inmersiva[10].

Por consiguiente, aquí se muestra una posibilidad que permitiría crear una alianza sumamente interesante entre tecnología y seguridad-salud en el medio ambiente laboral; su utilización como medio de prevención, planificación y diseño de la actividad preventiva. Una actuación que permitiría recabar mucha información, *ex ante*, del proceso

---

8 MUÑOZ RUIZ, A.B. (3 de mayo de 2022). ¿Es legítimo el reconocimiento de emociones en el entorno laboral?, *El foro de Labos*. https://www.elforodelabos.es/2022/05/derecho-a-la-desconexion-digital-comentario-a-la-stsj-de-madrid-de-21-2-2022/

9 https://www.femeval.es/dam/jcr:57a1b2aa-982b-40bd-b0f0-3b3d45bc162b/GUIA_RV_RA_link.pdf

10 La doctrina los ha denominado como los EPIS 4.0. MONTOYA MEDINA, D. (2021). "Teletrabajo y prevención de riesgos laborales", *Revista Española de Derecho del Trabajo*, nº 243, p. 634.

preventivo a fin de evitar la materialización, *ex post*, de resultados negativos en la salud de las personas trabajadoras.

En este punto, debe señalarse que la Comisión Europea ha publicado un informe sobre la reformulación de la Industria 4.0 hacia la Industria 5.0 por el que pretende plantear un debate sobre una industria europea más sostenible y centrada en el ser humano[11]. Y, de hecho, el Informe hace hincapié en la necesidad de diseñar los nuevos lugares de trabajo digitalizados tomando en consideración la carga mental y el bienestar de las personas trabajadoras. De modo que, la tecnología podría asumir un papel fundamental como medio de canalización de una nueva cultura corporativa en aras de alcanzar estos objetivos.

A este respecto, este nuevo concepto (Industria 5.0) debe ser un corrector de las "desviaciones economicistas y mecanicistas" de la Industria 4.0, de tal forma que todo el poder asumido por el proceso de innovación a través de la tecnología tome como referencia el bienestar de las personas trabajadoras devolviendo "el sentido eminentemente humano y social" a este tipo de procesos[12].

En definitiva, se está reclamando una mayor sensibilización en el mundo del trabajo por los riesgos tecnológicos de carácter psicosocial que merman la salud y, por tanto, el bienestar personal de la clase trabajadora. Todo ello supone un momento de oportuna reflexión respecto al modelo de relaciones laborales que queremos, ante la evidente introducción en un nuevo proceso de revolución industrial que requerirá redoblar esfuerzos. Un modelo de gestión de personal en el que, precisamente, la seguridad, salud y bienestar de la plantilla ocupe la centralidad que merece.

---

11 BREQUE, M., DE NUL, L., PETRIDIS, A. (2021). *Industry 5.0: towards a sustainable, human-centric and resilient European industry*, Publications Office.

12 *Vid.* en MOLINA NAVARRETE, C. (2022). "Industria 5.0, ecosistemas de empresas y calidad de entorno laboral: de la ley de riders a la ley de nómadas digitales", *Revista de Trabajo y Seguridad Social-CEF*, n. 1, p.

De este modo, se podrán diseñar espacios de trabajo ergonómicamente seguros basados en una cultura de gestión de entornos de trabajo de calidad, seguros y saludables.

1.2. EL BIENESTAR DE LAS PERSONAS TRABAJADORAS EN JAQUE: UNA RESPUESTA DE CONTENCIÓN AL PROCESO DE DISRUPCIÓN TECNOLÓGICA

La preocupación europea por los trastornos musculo esqueléticos y los riesgos psicosociales en los lugares de trabajo pone el punto de mira en las grandes entidades. En este sentido, la Agencia Europea para la Seguridad y Salud EU-OSHA[13] nos ha ofrecido unos resultados interesantes en la "Encuesta Europea de empresas sobre riesgos nuevos y emergentes (ESENER)"[14].

Así, los resultados del estudio manifestaron que los riesgos psicosociales tienen mayor incidencia en puestos del sector servicios (atención al cliente, gestión de alumnos y trato del paciente). En cuanto al factor de mayor incidencia, la presión del tiempo constituye el principal

---

13 Fue creada en 1994 y tiene su sede en Bilbao. Este ente europeo desarrolla una actividad, principalmente, destinada a recoger, analizar y divulgar información relevante en materia de prevención de riesgos laborales en los espacios de trabajo. En este sentido, su finalidad principal es contribuir a la consecución de que los lugares de trabajo sean más seguros y saludables.

14 La encuesta ESENER está diseñada para ofrecer resultados comparables entre los países y entre diferentes períodos de tiempo. En la edición de 2019, la tercera, participaron en las entrevistas representantes de 45 420 empresas de 33 países europeos. Los resultados abarcan temas como quiénes son los responsables de la gestión de la seguridad y la salud en el trabajo y si los trabajadores participan en dicha gestión; cómo se abordan los riesgos psicosociales y cómo están afectando cambios como la digitalización a la seguridad y la salud de los trabajadores. Recuperado de https://osha.europa.eu/es/publications/european-survey-enterprises-new-and-emerging-risks-esener-2019-background-briefing/view

factor de riesgo en países como Finlandia[15] y Suecia[16] (74% en ambos) así como Dinamarca (73%). Mientras que los países que menos tasas de riesgo psicosocial obtienen son Italia (50%), Eslovaquia (44%), Lituania (37%) y Bulgaria (36%). En particular, y solo por destacar un dato demoledor, sólo el 29% de las empresas encuestadas tomarían acciones encaminadas a evitar que se prolongue la jornada de trabajo más allá de las horas pactadas. Este dato arroja una falta de preocupación y prioridad de las empresas por garantizar el bienestar de las personas trabajadoras en cuanto a las facilidades de conciliar su vida personal y familiar con la vida en el trabajo.

Respecto a los impactos en la seguridad y salud laboral, los datos muestran que en la tiene mayor incidencia en aquellos lugares donde predomina el uso de dispositivos portátiles (51%) por contraposición en el uso de la computadora tradicional (38%). Lo que puede significar, que esta incidencia esté asociada la elección de la modalidad del teletrabajo ya que los siguientes impactos más relevantes son la permanencia prolongada (65%) y la mayor flexibilidad para los empleados en términos de lugar y tiempo de trabajo (63%) como medida conciliadora[17].

---

15 Países Bajos y Finlandia, los países con más teletrabajadores antes del COVID-19, el triple que en España. (13 de abril de 2020) Europapress. Recuperado de https://www.europapress.es/economia/laboral-00346/noticia-paises-bajos-finlandia-paises-mas-teletrabajadores-antes-covid-19-triple-espana-20200413141035.html

16 ORANGE, R. (2 de junio de 2019). La fórmula sueca para conciliar tiene que ver con la flexibilidad de los horarios de trabajo. El Diario. Recuperado de https://www.eldiario.es/internacional/theguardian/formula-lograr-conciliar-laboral-personal_1_2723974.html

17 Cómo los países nórdicos hacen de la conciliación familiar un ejemplo a seguir (3 de febrero de 2016). La Información. Recuperado de https://www.lainformacion.com/asuntos-sociales/como-los-paises-nordicos-hacen-de-la-conciliacion-familiar-un-ejemplo-a-seguir_JFxHBTnYDaAln0ZvKpnBl3/

Analizando los datos referidos al ámbito español, los datos varían singularmente, obteniendo los siguientes resultados. En primer lugar y en cuanto al nivel de información a las personas trabajadoras sobre los riesgos que pueden causar el uso de las tecnologías, solo 33,1% afirma haber llevado a cabo esta función. Sin embargo, España se encuentra en equilibrio con la media europea en este aspecto. En segundo lugar, respecto a la presión del tiempo como principal factor de riesgo, los datos en nuestro país son buenos ya que obtiene un 32,7% constituyendo uno de los países con menor tasa junto a Italia, Lituania y Serbia. Y, en tercer lugar, en cuanto a la difuminación de límites entre el trabajo y la vida privada España alcanza un dato manifiestamente negativo ostentando, junto con Bulgaria e Italia, el podio de países en los que las empresas no han analizado las posibles repercusiones del uso de dichas tecnologías en la prevención de riesgos laborales de las personas trabajadoras.

Con todo, hay que reconocer el buen resultado obtenido por las empresas encuestadas en España con una de las más altas puntuaciones relativas a la realización habitual de evaluaciones de prevención de riesgos en el trabajo (93,9%[18]), lo que demuestra el compromiso por la prevención de riesgos laborales alcanzado.

Entre los estudios en la materia, y antes de continuar, el informe EU-OSHA "Digitalización y seguridad y salud en el trabajo (SST)"[19] también adelantó que dos grandes benefi-

18 Dato que se asemeja bastante a la implicación que se le otorga al trabajador en el diseño y aplicación de medidas preventivas, obteniendo un 79,2%.

19 "Este folleto resume los trabajos de la EU-OSHA sobre digitalización y seguridad y salud en el trabajo (SST), incluido un proyecto de prospectiva, una importante visión de conjunto sobre la seguridad y salud en el trabajo y la campaña «Trabajos saludables». Explora el potencial que ofrece la digitalización y cómo está configurando la vida laboral y la seguridad y la salud de los trabajadores. También considera los retos para la SST y cómo pueden abordarse para maximizar las oportunidades de las tecnologías digitales, entre otras

cios de las tecnologías móviles digitales son la flexibilidad y el equilibrio entre vida personal y laboral. Aunque, por el contrario, la alta conectividad y disponibilidad 24 horas al día, 7 días a la semana (24/24 y 7/7) podría llevar aparejadas jornadas de trabajo irregulares que pueden verse fragmentadas por la interrupción constante de tales dispositivos (correos, llamadas, mensajes, etc.).

Los procesos de innovación digital[20] de las empresas que, en definitiva, atienden a los requerimientos del mercado y pretenden aumentar la productividad automatizando los procesos[21] generan, *in fine*, grandes preocupaciones a considerar, como aumento de la carga de trabajo, un exceso de horas de trabajo y un desequilibrio entre la vida laboral y personal poco saludable, el trabajo solitario y la sensación de aislamiento, la falta de apoyo colectivo y los problemas relacionados con el menor apoyo de la organización.

El desarrollo tecnológico y la conectividad global son los pilares sobre los que se instaura la cuarta revolución industrial, así lo declara el informe EU-OSHA "La cuarta revolución industrial y la innovación social en el lugar de trabajo"[22]. La apertura de los procesos comerciales a nivel

---

cosas para mejorar las condiciones de trabajo". Recuperado de https://osha.europa.eu/es/publications/digitalisation-and-occupational-safety-and-health-osh-eu-osha-research-programme/view

20 OEIJ, P., RUS, D. & POT, F. (2017). Workplace Innovation: Theory, Research and Practice. Cham, Switzerland: Springer.

21 McKinsey Global Institute. (2018). AI, Automation, and the Future of Work: Ten Things to Solve for. Retrieved from McKinsey Global Institute: Recuperado de https://www.mckinsey.com/featured-insights/future-of-work/ai-automation-and-the-future-of-work-ten-things-to-solve-for

22 "El documento describe los nuevos modelos comerciales e innovadores que permiten incrementar la cantidad de trabajo realizado en línea y en entornos no ofimáticos, por trabajadores a menudo autoempleados. Son objeto de debate la necesidad de resiliencia y de adaptabilidad de los individuos, los nuevos tipos de trabajadores resultantes y los retos específicos a los que se enfrentan los recién llegados y los trabajadores de más edad, así como la necesidad de que las organizaciones de SST centren su

mundial y el auge de las economías de los países están transformando la sociedad. Trasladándose al ámbito de trabajo, encontramos la automatización del trabajo, la liberalidad respecto al lugar de la prestación de servicios y la innovación. Ello está vinculado a la investigación de fórmulas que faciliten la vida de las empresas optimizando sus recursos.

Este tipo de cambios, generan en las personas trabajadoras una presión añadida por el hecho de recualificarse y perfeccionar sus habilidades tecnológicas para adaptarse a un perfil digital. No es sino una consecuencia de la inevitable naturaleza cambiante de las circunstancias sociales y culturales[23] culminando en una readaptación de los espacios de trabajo. En estos procesos de cambio, las empresas readaptan sus estrategias incorporando a sus políticas aspectos sobre el bienestar e inclusión de las personas trabajadoras. En este sentido, se constata un cambio de comportamiento cultural dejando atrás el patrón de acudir a un lugar centralizado, normalmente, a una oficina para poder trabajar desde cualquier lugar (cafetería, aeropuerto, coworking).

Lejos de culpabilizar el desarrollo tecnológico y su vinculación con efectos negativos para la seguridad y salud del trabajo, encuentra en ella una solución al problema. Desde su punto de vista, tecnologías como la inteligencia artificial[24] pueden generar oportunidades de mejora en la seguridad y salud laboral.

Siendo cierto que las nuevas formas de monitorización y vigilancia implementadas por la empresa son un foco de

---

atención en el apoyo a los trabajadores individuales". Recuperado de https://osha.europa.eu/es/publications/fourth-industrial-revolution-and-social-innovation-workplace/view

23 Así se evidencia en Informe Anual del Observatorio Nacional de las Telecomunicaciones y de la Sociedad de la Información. (2020). La sociedad en red: Transformación digital en España: Informe anual 2019. Madrid: Secretaría General Técnica, Centro de Publicaciones. http://doi.org/10.30923/1989-7424-2020

24 *Vid.* el informe "Impact of artificial intelligence on occupational safety and healt", Recuperado de https://osha.europa.eu/es/publications/impact-artificial-intelligence-occupational-safety-and-health/view

nuevos factores de riesgo, sin embargo, la recopilación de información bien pudiera brindar una oportunidad para mejorar la vigilancia de la seguridad y la salud. La premisa no es otra que la búsqueda del perfecto equilibrio entre los derechos fundamentales de las personas trabajadoras y las facultades de control del empresario, a la par que el encuadramiento de todo ello en un contexto de elaboración y aprobación de políticas empresariales no solo eficientes, desde el punto de vista preventivo, sino basadas en evaluaciones de riesgos más concretas y específicas en tiempo real adaptadas a cada persona.

1.2.1. Las respuestas en sede europea

Una cuestión sobre la que puede estarse de acuerdo es con que en un primer momento las políticas de la Unión Europea priorizaron las técnicas de *hard law,* en cumplimiento del art. 153 del Tratado de Funcionamiento de la Unión Europea, propiciando la aprobación de directivas comunitarias y reglamentos en el ámbito preventivo. Pero, sin embargo, este tipo de técnicas *hard law* fueron suplidas por técnicas *soft law* en forma de proyectos, programas, acciones, acuerdos marco, estrategias o marcos estratégicos. Es a partir de este entonces cuando se potencia el papel de la Comisión para ampliar su campo de actuación e influencia sobre los Estados miembros a fin de armonizar las políticas en materia de seguridad y salud.

Este tipo de estrategias se caracterizan porque su éxito reside en el dinamismo que permiten frente a la dificultad práctica de contar con normas que respondan de forma eficiente a los requerimientos de la realidad que cambia a pasos agigantados.

Por tanto, estamos inmersos en la era de las estrategias, los acuerdos marco comunes y los marcos estratégicos ya que han ocupado un protagonismo singular frente a etapas pretéritas en las que se apostaba por la aprobación de reglamentos y directrices con los efectos ya conocidos.

No obstante, la Comisión Europea, en respuesta a las preocupaciones generadas por el "atracón tecnológico" tanto personal como profesional, pretende que la política europea sobre seguridad y salud laboral sea un elemento tranquilizador. Europa ha apostado por liderar y afrontar este reto ante un ejercicio consciente sobre una realidad palpable, es decir, la constante evolución y transformación de las tecnologías. Todo ello conlleva plantearse nuevas interrogantes respecto a su incorporación al mundo laboral en los términos planteados y sus impactos en la salud de la población trabajadora. Es por ello por lo que la principal baza pasa por remodelar o reforzar el marco jurídico preventivo —nacional y comunitario, de *hard law* y de *soft law*[25]— ante la amenaza constante propiciada por los procesos de digitalización y, especialmente, en la evaluación, identificación y respuesta a los problemas de salud mental de las personas trabajadoras.

En definitiva, ofrecer las herramientas e instrumentos necesarios que, sumados a una cultura preventiva y un plan formativo específico, permitan alcanzar el denominado "futuro digital seguro y saludable". Un reto que, sin duda alguna, es no solo interesante sino necesario, por sus implicaciones en la concerniente al bienestar laboral de las personas trabajadoras.

En esta línea se mueve el nuevo "Marco estratégico de la UE en materia de salud y seguridad en el trabajo 2021-2027, la seguridad y la salud en el trabajo en un mundo

---

25 GREER, S. Y VANHERCKE, B, "*The hard politics of soft law: The case of health*", pp. 186-230, en MOSSIALOS, E. PERMANAND, G. BAETEN, R. Y HERVEY, T. (2010). *Health Systems Governance in Europe: The Role of European Union Law and Policy, Health Economics, Policy and Management-Cambridge: Cambridge University Press.* Por consiguiente, constituye una actuación de clara orientación política cuyo fin es alcanzar los objetivos propuestos y llevarlos a la práctica determinando los medios, recursos y los plazos necesarios para ello. En profundidad sobre esta cuestión *vid.* TERPAN, F. (2015). "Soft Law in the European Union – The Changing Nature of EU Law", *European Law Journal,* Vol. 21, n. 1, pp. 68-96.

laboral en constante transformación[26]" ha venido a realizar una contribución inestimable al debate suscitado al respecto del objeto de esta aportación.

Y, en este sentido, incide la Comisión en la necesidad de atender como abordar con una mayor holgura los riesgos psicosociales. De hecho, pone de manifiesto unos datos abrumadores sobre la salud mental, afectando previamente a la irrupción de la pandemia a 84 millones de personas y que se han visto agravados tras esta experiencia. Es por ello por lo que llega a la conclusión que se está poniendo en jaque el bienestar psicosocial de las personas en un contexto laboral debido, principalmente, a las alteraciones y nuevos horizontes digitales planteados por la interactuación con las tecnologías en el puesto de trabajo. Por consiguiente, ante este desafío se considera oportuno planificar una intervención al medio-largo plazo que permita salvaguardar la salud metal y, por ende, acotar, en la medida de lo posible, la aparición de enfermedades mentales en el contexto laboral.

Dicho marco estratégico está orientado en alcanzar tres objetivos transversales clave para los próximos años:

– Anticipar y gestionar el cambio en el nuevo mundo del trabajo que han traído consigo las transiciones ecológica, digital y demográfica. Concretamente, respecto a la salud y seguridad en el trabajo hace hincapié en la necesidad de adaptación del entorno de trabajo y las tareas conforme el trabajador envejece para así reducir los riesgos al mínimo. Tomando en consideración a este respecto el uso de las tecnologías digitales que pueden aportar a las personas trabajadoras beneficios respecto a salvaguardar su salud y bienestar. Ello sin perder de vista que las herramientas digitales entrañan ciertos riesgos. Y respecto

[26] Marco estratégico de la UE en materia de salud y seguridad en el trabajo 2021-2027. La seguridad y la salud en el trabajo en un mundo laboral en constante transformación, de 28 de junio de 2021.

al cambio climático manifiesta que también puede ocasionar repercusiones en la salud y seguridad de las personas trabajadoras como consecuencia del aumento de la temperatura ambiente, la contaminación atmosférica y los fenómenos meteorológicos extremos.

- Mejorar la prevención de los accidentes y las enfermedades en el lugar de trabajo. La Comisión es consciente de que las nuevas exigencias del mercado de trabajo y de las capacidades de las personas trabajadoras requiere de actualizaciones de la legislación para atender a estos cambios. Por este motivo y en relación con los procesos de digitalización que ha fraguado el aumento del trabajo a distancia, de las tecnologías inalámbricas, móviles y otras avanzadas como la inteligencia artificial requiere de nuevas y actualizadas soluciones en materia de salud y seguridad en el trabajo.
- Aumentar la preparación frente a posibles crisis sanitarias en el futuro. Tomando en consideración la experiencia de la crisis que ha ocasionado la pandemia de COVID-19, la Comisión considera que es fundamental potenciar este aprendizaje previo respecto a la actuación en situaciones de crisis sanitarias futuras. Por lo tanto, estima necesario y prioritario reforzar materias como la higiene, la intervención no farmacéutica y el apoyo a la salud mental. Y, así mismo, la necesidad de un marco general de oblaciones en materia de evaluación de riesgos y medidas preventivas a implementar por el empleador como respuesta a los posibles riesgos que pueden sufrir las personas trabajadoras en caso de crisis sanitaria.

La aplicación de estos tres objetivos estará sustentada en el diálogo social y el refuerzo tanto de la base documental como del cumplimiento de la legislación específica, la sensibilización y, como no podía ser de otro modo, la financiación.

Respecto del diálogo social, la Comisión realza la figura de los interlocutores sociales como principales protagonistas en lograr la adopción de la legislación otorgando soluciones en la práctica conforme a las características de una actividad o sector concreto. Por lo tanto, se le atribuye al diálogo social en el ámbito comunitario una función primordial respecto a la aplicación de la legislación de la UE en materia de salud y seguridad en el trabajo.

En cuanto al refuerzo de la base documental, la Comisión considera que la investigación que toma como referencia la recopilación de datos tanto a nivel nacional como de la UE constituye una de las actuaciones fundamentales para llevar a cabo fórmulas de prevención de enfermedades y accidentes profesionales. Así mismo, la tecnología ha permitido que el asesoramiento científico haya fructificado en la elaboración de políticas basadas en esta clase de pruebas lo que en cierto modo constituye un refuerzo de la actividad de la Comisión en este aspecto. Este tipo de actuaciones son importantes de cara al futuro para anticipar los cambios y alcanzar los objetivos asumidos a la salud y seguridad en el trabajo.

Respecto del refuerzo del cumplimiento de la legislación, puntualiza la Comisión que este Marco Estratégico depende en cierto modo de su aplicación tanto en el ámbito nacional como en el local. De tal forma que invita a los Estados miembros a que lleven a cabo una actualización de su estrategia relativas a la salud y seguridad en el trabajo a los parámetros actuales del Marco Estratégico Europeo sobre Salud y Seguridad en el trabajo. Será en 2023 cuando se lleve a cabo una reunión entre todas las partes intervinientes en este proceso (Instituciones UE, Estados miembros, interlocutores sociales, EU-OSHA, entre otras) para evaluar y contrastar el alcance de los objetivos propuestos, así como plantear los retos futuros.

La referencia a la sensibilización, íntimamente conectada con la percepción sobre la siniestralidad laboral, exige que para alcanzar este objetivo la Comisión estima necesario adquirir una sensibilización sobre el alcance de los riesgos relacionados con los accidentes de trabajo, lesiones y enfermedades profesionales, el papel que asume la formación y la educación en esta materia así como la puesta en práctica conscientemente de todos los implicados en esta materia del cumplimiento de las normas y guías sobre prevención de riesgos laborales.

Por último, respecto a la financiación, se pone de manifiesto que existen fondos de la UE que pueden ser destinados para inversiones en medidas relativas a la salud y seguridad en el trabajo. De hecho, el Fondo Social Europeo Plus (FSE+) permite a los Estados miembros financiar actividades como: acuerdos laborales innovadores y más productivos, formación, campañas de información y sensibilización para estilos de vida saludables, bienestar en el trabajo y apoyo para los inspectores de trabajo.

Y, entre las medidas que interesan poner de manifiesto por el tema central que nos ocupa, algunas de las acciones a las que la Comisión se compromete acometer son las siguientes: a) Modernización del marco legislativo en materia de salud y seguridad en el trabajo en lo que se refiere a la digitalización mediante la revisión de la Directiva sobre los lugares de trabajo y la Directiva sobre los equipos que incluyen pantallas de visualización de aquí a 2023, b) pondrá en marcha una "campaña de la EU-OSHA sobre lugares de trabajo saludables" 2023-2025 dedicada a la creación de un futuro digital seguro y saludable y que se ocupará, en particular, de los riesgos psicosociales y ergonómicos, c) en colaboración con los Estados miembros y los interlocutores sociales, elaborará una iniciativa no legislativa a escala de la UE relativa a la salud mental en el trabajo que evalúe los problemas emergentes relacionados con la salud mental de las personas trabajadoras y plantee orientaciones para la aplicación de medidas antes del fin de 2022, d) elaborará una base analítica, herramientas electrónicas y guías para las evaluaciones de riesgos relacionadas con los empleos y procesos verdes y digitales, incluyendo, en particular, los riesgos psicosociales y ergonómicos, d) consultará al panel de expertos sobre fórmulas efectivas para invertir en materia de salud, con el fin de emitir un dictamen sobre el apoyo a la salud mental de las personas trabajadoras sanitarios y otros trabajadores esenciales antes del fin de 2021, y d) garantizará un seguimiento adecuado de la Resolución del Parlamento Europeo sobre el derecho a la desconexión.

Como puede comprobarse, el nuevo marco estratégico europeo evidencia una preocupación seria sobre los riesgos psicosociales que merman la salud mental de las personas trabajadoras. Planteando en este sentido, al menos teóricamente, una revisión al corto plazo de la normativa europea para modernizarla tomando en consideración el contexto digital actual y futuro al que se enfrentan las relaciones laborales. En definitiva, la finalidad es garantizar, tal y como se refleja en las propuestas, un "futuro digital seguro y saludable" a través de las fórmulas e instrumentos necesarios como contención a la aparición de problemas de salud mental[27].

1.2.2. Las respuestas en sede nacional

Si bien la seguridad y la higiene en el trabajo ya eran objeto de interés por el legislador con anterioridad a la aprobación del texto legislativo constitucional en el año 1978[28],

---

27 De acuerdo con un estudio de la Organización Mundial de la salud si bien es cierto que se ha notado un aumento entre los países miembros de la Unión que informaron sobre programas de prevención de la salud mental (pasando del 41% en 2014 al 52% en 2020) lo cierto es que los datos arrojan una falta de efectividad de estos. Básicamente, tal como indica el informe porque el 31% del total de los programas notificados por los países miembros de la Unión, no contaban con recursos humanos y financieros específicos, el 27% no contaba con un plan concreto y, por último, el 39% no disponen de información que evidencie un progreso y/o impacto. Organización Mundial de la Salud. (8 de octubre de 2021) *Un informe de la OMS pone de relieve el déficit mundial de inversión en salud mental.*

28 En este sentido, cabe destacar tanto la Orden franquista de 31 de enero de 1940 (BOE núm. 34, de 3 de febrero de 1940) —etapa histórica conocida como el primer franquismo— por la que se apro-

no sería hasta su aprobación en al año 1978 cuando se incorporara en el Capítulo III —De los principios rectores de la política social y económica, Título I— De los derechos y deberes fundamentales, el art. 40.2 en el que se fija la encomienda a los poderes públicos de velar por la seguridad e higiene en el trabajo.

Habrían de transcurrir diecisiete años para dar respuesta a este mandato constitucional a través del correspondiente desarrollo legal que llegaría de la mano de la Ley 31/1995, de 8 de noviembre, de prevención de riesgos laborales (en adelante, LPRL)[29]. Esta norma, y su desarrollo reglamentario posterior[30], intentará, de un lado, poner

---

bó el Reglamento General de Seguridad e Higiene en el Trabajo ya ponía de manifiesto la prioridad de velar por la seguridad laboral poniendo a cubierto la salud e integridad física del trabajador de los riesgos profesionales de una industria moderna; como la posterior Orden de 9 de marzo de 1971 (BOE núm. 64, de 16 de marzo de 1971) —etapa histórica conocida como franquismo desarrollista o segundo franquismo—, por la que se aprueba la Ordenanza General de Seguridad e Higiene en el Trabajo, aprobada para el aumento de la siniestralidad laboral, previó nuevas medidas de prevención y se ordenaron las potestades, funciones y facultades de los órganos de las administraciones públicas que debían de dirigir o proveer cuando fuere necesario para lograr una plena efectividad de tales medidas.

29 *Vid.* en GIL GIL, J.L. (1995). "La ley de prevención de Riesgos Laborales", *Revista documentación laboral,* nº 47, pp. 333-338, MARTÍNEZ CUEVAS, A.J. (1995). "Comentarios y reflexiones sobre la nueva Ley de Prevención de Riesgos Laborales", *Aparejadores: boletín del Colegio Oficial de Aparejadores y Arquitectos técnicos de Sevilla,* nº 4, p. 6, ALEMANY ZARAGOZA, E. (1995). La nueva ley de prevención del riesgo laboral, *Revista Aranzadi Social,* nº 2, pp. 2293-2307, SEMPERE NAVARRO, A. (1996). "La ley de prevención de riesgos laborales", *Revista Actualidad Jurídica Aranzadi,* nº 234, p. 2. ALEMÁN PÁEZ, F. (1996). "La ley 31/1995 de prevención de riesgos laborales: justificación", *Revista Derecho y Opinión,* nº 3-4, pp. 229-246.

30 El Real Decreto 39/1997, de 17 de enero, vendría a aprobar el Reglamento de los Servicios de Prevención (BOE núm. 27, de 31 de enero de 1997) dado que en cumplimiento del art. 6.1 d) y e) de la LPRL, se encomendó al gobierno la regulación a través de la correspondiente norma reglamentaria, de los procedimientos de evaluación de los riesgos para la salud de las personas trabajadoras y de las modalidades de organización, funcionamiento y control de los servicios de pre-

término a la falta de visión unitaria en la política de prevención de riesgos laborales propia de la dispersión de la normativa vigente y fruto de la acumulación en el tiempo de normas de muy diverso rango y orientación, muchas de ellas anteriores a la propia Constitución española. Y, por otro, actualizar regulaciones ya desfasadas y regular situaciones nuevas no contempladas con anterioridad[31], configurando un auténtico *corpus* jurídico-preventivo[32].

Conviene subrayar que la aprobación de la LPRL tuvo lugar en aras a armonizar la normativa nacional con las políticas europeas de mejora en las condiciones de trabajo. En particular, la propia LPRL se refiere a, en primer lugar, la Decisión del Consejo 74/325/CEE de 27 de junio de 1974 por la que se creó un Comité consultivo para la seguridad, la higiene y la protección de la salud en el centro

---

vención, así como de las capacidades y aptitudes que han de reunir dichos servicios y las personas trabajadoras designados para desarrollar la actividad preventiva, exigencia esta última ya contenida en la Directiva 89/391/CEE. Dicho de otra manera, el propósito de este reglamento es articular la planificación de la actividad preventiva partiendo de la evaluación de los riegos inherentes al trabajo, conjugada con la correspondiente adopción de medidas según la tipología de los riesgos analizada. Por tanto, la prevención de riesgos laborales quedaría integrada en el seno de la empresa a todos sus niveles.

31 BAYLOS GRAU, A. (1995). "En torno a la Prevención de Riesgos Laborales", *Cuadernos de relaciones Laborales*, nº 7, pp. 155-162.

32 Entre los que se destacan los siguientes por su importancia práctica son: Real Decreto 485/1997, de 14 de abril, sobre disposiciones mínimas de señalización de seguridad y salud en el trabajo (BOE núm. 97 de 23 de abril de 1997). Real Decreto 487/1997, de 14 de abril, sobre disposiciones mínimas de seguridad y salud relativas a la manipulación manual de cargas que comporten riesgos, en particular dorsolumbares, para las personas trabajadoras (BOE núm. 97 de 23 de abril de 1997). Real Decreto 488/1997, de 14 de abril, sobre disposiciones mínimas de seguridad y salud relativas al trabajo con equipos que incluyen pantallas de visualización. Real Decreto 773/1997, de 30 de mayo, sobre disposiciones mínimas de seguridad y salud relativas a la utilización por las personas trabajadoras de equipos de protección individual (BOE núm. 97 de 23 de abril de 1997). Real Decreto 1215/1997, de 18 de julio, por el que se establecen las disposiciones mínimas de seguridad y salud para la utilización por las personas trabajadoras de los equipos de trabajo (BOE núm. 97 de 23 de abril de 1997).

de trabajo al que se le encomendó la función de asistencia en la preparación y puesta en práctica de las actividades que se realicen en el ámbito de la seguridad, la higiene y la protección de la salud en el lugar de trabajo. a la Comisión. En segundo lugar, a la Directiva 89/391/CEE[33] relativa la aplicación de medidas para promover la mejora de la seguridad y de la salud de las personas trabajadoras en el trabajo que encuentra su justificación en el número desorbitado de accidentes de trabajo y enfermedades profesionales y en la necesidad de integrar en los acervos nacionales disposiciones en materia de seguridad y salud que arrojasen mayores niveles de protección sin subordinarse a consideraciones de carácter puramente económico.

En este mismo sentido, también se traspuso a nuestro ordenamiento jurídico con la LPRL disposiciones tan importantes como la Directiva 92/85/CEE del Consejo, de 19 de octubre de 1992[34], relativa a la aplicación de medidas para promover la mejora de la seguridad y de la salud en el trabajo de la trabajadora embarazada, que haya dado a luz o en período de lactancia, la Directiva 94/33/CE del Consejo, de 22 de junio de 1994[35], relativa a la protección de los jóvenes en el trabajo y la Directiva del Consejo, de 25 de junio de 1991[36], por la que se completan las medidas tendentes a promover la mejora de la seguridad y de la salud en el trabajo de las personas trabajadoras con una relación laboral de duración determinada o de empresas de trabajo temporal.

También cabe destacar el compromiso con la normativa internacional y la referencia fundamental al Convenio nº 155 de la OIT sobre seguridad y salud de las personas trabajadoras y medio ambiente de trabajo[37] que la LPRL incorporó a su cuerpo normativo. Con este Convenio, la

---

33 DOCE núm. 183, de 29 de junio de 1989.

34 DOCE núm. 348, de 28 de noviembre de 1992.

35 DOCE núm. 216, de 20 de agosto de 1994.

36 DOCE núm. 206, de 29 de julio de 1991.

37 Convenio sobre seguridad y salud de los trabajadores nº 155, ratificado por España el 1 de septiembre de 1985.

OIT pretendió poner en práctica políticas congruentes con la seguridad y salud en el trabajo y que fueran creadas de mutuo acuerdo fruto del diálogo de los gobiernos y las organizaciones representativas de trabajadores[38], gestando, de este modo, "una cultura preventiva[39]" en el acervo nacional.

Dicho lo anterior, la LPRL ha dotado hasta el momento al ordenamiento jurídico español de una visión unitaria de la prevención de riesgos laborales[40]. Al fin y al cabo, ha servido, como ha intentado demostrarse en las líneas previas, como instrumento de trasposición de los principios preventivos en materia de salud europeos[41] dejando atrás la normativa desfasada y discordante con la industria del siglo XX en el marco de la cual preocupaba el incremento de la siniestralidad laboral[42].

Fruto de esa preocupación social compartida tanto por el Gobierno como por los interlocutores sociales, se constituyó la Mesa de Diálogo social en octubre de 2002 para discutir acerca de la prevención de riesgos, configurándose como mecanismo de participación y valoración conjunta a fin de adoptar directrices que arrojasen término a este problema. Los resultados obtenidos en el marco del diálo-

---

38 *Vid.* Guía sobre el Convenio sobre seguridad y salud de los trabajadores, 1981 (núm. 155), su Protocolo de 2002 y el Convenio sobre el marco promocional para la seguridad y salud en el trabajo, 2006 (núm. 187).

39 CASAMITJANA, N. (1998). "La formación en prevención de riesgos laborales: una oportunidad que no debemos dejar escapar", *Revista Archivos de prevención de riesgos laborales*, vol. 1, nº 3, p. 95.

40 SÁNCHEZ-TOLEDO LEDESMA, A. (2006). "Diez años de la Ley 31/1995 de prevención de riesgos laborales", *UNE: Boletín mensual de AENOR*, nº 205, pp. 18-20.

41 *Vid.* en GARRIGUES GIMÉNEZ, A. (2005). "La prevención de riesgos laborales en el marco de la Constitución Europea", *Revista del Ministerio de Trabajo e Inmigración*, nº 57, pp. 353-366.

42 Dictamen sobre el Anteproyecto de Ley de Reforma del Marco Normativo de la Prevención de Riesgos Laborales (Aprobado en sesión extraordinaria del Pleno de 14 de julio de 2003), p. 4. Recuperado de http://www.ces.es/documents/10180/18507/dic072003

go social e institucional (el Gobierno, la Confederación Española de Organizaciones Empresariales, la Confederación Española de la Pequeña y la Mediana Empresa, Comisiones Obreras y la Unión General de Trabajadores), dando a luz el Acuerdo sobre la Mesa de Diálogo de 30 de diciembre de 2002. Entre otros aspectos, se dotaron medidas concretas para adoptar la reforma del marco jurídico de la prevención de riesgos laborales, directrices en materia de Seguridad Social, el reforzamiento de las medidas de vigilancia y control del sistema de Inspección de Trabajo y Seguridad Social (en adelante, ITSS) y un nuevo modelo de contraste informativo en lo que se refiere a los datos de siniestralidad laboral.

Así las cosas, para acometer estas actuaciones plasmadas en el referido Acuerdo se aprobó la Ley 54/2003, de 12 de diciembre[43], de reforma del marco normativo de la prevención de riesgos laborales[44], integrada por dos capítulos. El primero trata las modificaciones que se introducen en la LPRL y pretende resaltar cuánto de importante es el modelo preventivo integrado en la empresa en todos sus estamentos jerárquicos[45]. La actividad preventiva como obligación y responsabilidad principal del empresario conlleva el deber de asegurar el control de riesgos mediante un seguimiento continuo de esta, tal como expresa el art. 14.2 LPRL. La implantación, así como la correspondiente aplicación de un plan de prevención requieren de instrumentos esenciales como son la evaluación y el control de riesgos. En vista de que para lograr la completa integración en la cultura empresarial y evitar simular el cumplimiento

---

43 SÁNCHEZ-TOLEDO LEDESMA, A. (2004). "La Ley 54/2003 de 12 de diciembre, de reforma del marco normativo de la prevención de riesgos laborales", *UNE: Boletín mensual de AENOR*, n° 180, pp. 33-35.

44 BOE núm. 298, de 13 de diciembre de 2003.

45 *Vid.* LANZADERA ARENCIBIA, E. (2004). "Comentarios a la reforma del Marco Normativo de la Prevención de Riesgos Laborales", *Revista de Trabajo y Seguridad Social-CEF*, n° 252, pp. 123-156. PARAMIO PARAMIO, A. (2004). "El marco normativo de la prevención de riesgos laborales un año después de su reforma", *Revista Información laboral. Legislación y convenios colectivos*, n° 33, pp. 2-16.

meramente formal (que no eficiente de la norma) el empresario debe contar con el asesoramiento técnico de los servicios de prevención.

El segundo capítulo aborda las modificaciones que se introducen en la Ley sobre Infracciones y Sanciones en el Orden Social (en adelante, LISOS)[46]. El punto de mira está puesto sobre los cumplimientos aparentes, formales o documentales por las empresas respecto a la observancia de los riesgos laborales[47]. Se pretendía, por tanto, garantizar la eficacia de la norma en aras de alcanzar el cumplimiento de los contenidos previstos en la normativa y con el alcance que ello requiere[48]. Tras haber sido especificadas las obligaciones preventivas en la LPRL, la LISOS sufrió la adaptación en aspectos como la integración de la prevención de riesgos laborales, las infracciones de la parte empleadora y la falta de presencia de los recursos preventivos.

Como se ha podido comprobar, el sistema jurídico español en materia de prevención de riesgos laborales se caracteriza por ser bastante heterogéneo y complejo en cuanto a la interpretación técnica de la normativa[49]. A su vez es amplia, lo que implica una sensación de desconcierto, confusión e inseguridad jurídica en su aplicación. Si bien es cierto en el intento del legislador de dotar al sistema de prevención de riesgos laborales de un marco jurídico más sólido, la dispersión normativa generada en los últimos

---

46 Real Decreto Legislativo 5/2000, de 4 de agosto, por el que se aprueba el texto refundido de la Ley sobre Infracciones y Sanciones en el Orden Social. BOE núm. 189, de 8 de agosto de 2000.

47 CARRERO DOMÍNGUEZ, C. (2001). *El régimen jurídico sancionador en prevención de riesgos laborales*, Madrid, Editorial La Ley, pp. 125 y ss.

48 CARRERO DOMÍNGUEZ, C. (2004). “La nueva regulación de la prevención de riesgos laborales: una solución de retoque”, *Revista Temas Laborales*, nº 73, p. 53.

49 PÉREZ CAMPOS, A.I. (2004). “Ámbito de aplicación de la Ley de Prevención de Riesgos Laborales: sujetos protegidos”, *Revista del Ministerio de Trabajo e Inmigración*, nº 53, p. 58.

años parece negar este hecho[50], terminando por obstaculizar su efectividad y eficacia práctica.

Por tanto, la vigilancia de la salud en un contexto de revolución tecnológica en el campo laboral requiere una "formación permanente en PRL, ya que es en este momento, más esencial que nunca por ser el entorno de trabajo un lugar en el que los nuevos avances tecnológicos, hacen necesaria una actualización casi inmediata de los conocimientos[51]". Y, sin duda alguna, que las nuevas tecnologías han pasado a formar parte de las relaciones laborales configurando de hecho nuevas formas de organización del trabajo es una evidencia.

Entre otros beneficios, se destaca desde el punto de vista empresarial la optimización de la organización del trabajo, la reducción de costes por la introducción de medios de producción tecnológicos. Desde la perspectiva de las personas trabajadoras, la flexibilidad horaria y temporal que permite desarrollar la prestación laboral desde cualquier parte del mundo reforzada esta posibilidad por el aumento de la autonomía de las personas trabajadoras sobre la distribución irregular de su jornada de trabajo.

Dicho todo lo anterior, interesa centrar el interés en la Estrategia Española de seguridad y salud en el Trabajo 2023-2027 que ha sido recientemente publicada[52]. El principal objetivo propuesto por la Estrategia se enmarca en alcanzar un verdadero impacto de las políticas de seguridad y salud laboral a fin de contrarrestar los altos niveles

---

50 MUÑOZ SALAS, M. (1998). "La prevención de riesgos laborales en España", *Péndulo: revista de ingeniería y humanidades*, nº 10, pp. 38-44.

51 FERNÁNDEZ RAMÍREZ, M. (2020). "Sobre la eficiencia actual del modelo normativo español de prevención de riesgos laborales. En especial a la luz de los nuevos retos 4.0", *Revista Temas Laborales*, nº. 53, p. 118.

52 La Estrategia constituye un compromiso y un impulso desde el gobierno por la seguridad y salud en el trabajo. Sus antecesoras fueron la Estrategia Española de Seguridad y Salud en el Trabajo 2007-2012 y La Estrategia Española de Seguridad y Salud en el Trabajo 2015-2020.

de siniestralidad laboral que hoy siguen materializándose. Además, pone de relieve que, "las nuevas tendencias económicas y sociales, y las transiciones digital y climática, conllevan riesgos nuevos o emergentes que afectan a la seguridad y salud de las personas". Por tales motivos, apuesta por una labor que refuerce el sistema preventivo a través de la investigación y difusión del conocimiento.

En este sentido, sostiene una evidencia que difícilmente se está consiguiendo corregir, se continúan produciendo accidentes de trabajo y enfermedades profesionales ya conocidos y que, realizando una óptima actividad preventiva, podría atajarse su materialización. Por tales motivos, destaca el aprovechamiento de las nuevas tecnologías ya que constituyen una herramienta sumamente útil para reducir los daños en la salud, como su utilidad a efectos de investigación, formación e información del sistema preventivo.

Como propuesta para alcanzar entornos de trabajo seguros y saludables que contribuyen al bienestar físico y mental de las personas trabajadoras en equilibrio con el progreso social y económico de las empresas, señala los siguientes objetivos a los que acompaña de una prioridad:

- **Objetivo 1**: Mejorar la prevención de accidentes de trabajo y enfermedades profesionales. Prioridad: reducir los daños en la salud de las personas trabajadoras.
- **Objetivo 2**: Gestionar los cambios derivados de las nuevas formas de organización del trabajo, los cambios demográficos y climáticos desde la óptica preventiva. Prioridad: Anticiparse y gestionar los riesgos nuevos y emergentes.
- **Objetivo 3**: Mejorar la gestión de la seguridad y salud en las pymes. Una apuesta por la integración y formación en la prevención de riesgos laborales. Prioridad: Integrar la prevención de riesgos laborales en las pequeñas empresas promoviendo una mayor implicación de recursos propios.

- **Objetivo 4**: Reforzar la protección de las personas trabajadoras en situación de mayor riesgos o vulnerabilidad. Prioridad: Elevar el nivel de protección de los colectivos más vulnerables.
- **Objetivo 5**: Introducir la perspectiva de género en el ámbito de la seguridad y salud en el trabajo. Prioridad: Incorporar la perspectiva de género en las políticas públicas y en la gestión de la prevención
- **Objetivo 6**: Fortalecer el sistema nacional de seguridad y salud para afrontar con éxito futuras crisis. Prioridad: Mejorar las instituciones y los mecanismos de coordinación.

Las referencias al tema que nos ocupa, la prevención de riesgos laborales en la modalidad de teletrabajo, se concentran en el Objetivo 2. Precisamente, la prioridad está centrada en el estudio de los riesgos emergentes que traen causa en las transiciones digitales, ecológica y demográfica, así como el impacto del cambio climático. A este respecto, se centra la atención sobre una cuestión que despertó el interés a raíz de la irrupción del COVID-19, la salud mental.

En cuanto a las líneas de actuación, se enmarca en una revisión sobre el marco normativo que incide directamente en la modalidad de trabajo a distancia y, en concreto, en su versión de teletrabajo a fin de adaptarlo al nuevo contexto tecnológico: los Reales Decretos 486/1997, de 14 de abril, sobre lugares de trabajo, y 488/1997, de 14 de abril, relativo a equipos que incluyen pantallas de visualización de datos, así como normas comunes, es decir, la LPRL y el Reglamento de Servicios de Prevención. Además, se definen campañas de la ITSS dirigidas a empresas que opten por la modalidad de trabajo a distancia, especialmente de teletrabajo, a fin de evaluar si se están cumpliendo los parámetros de seguridad y salud laboral específicos.

Por otro lado, se otorga un papel relevante al estudio de la salud mental a través de acciones de investigación sobre las posibles causas que tengan su origen en el ecosistema laboral; se centran en los diagnósticos de depresión y ansiedad que causen incapacidad laboral (temporal y permanente). Así, se pretende estudiar los factores de riesgo psicosocial en el riesgo para la salud mental con la intención de elaborar una guía preventiva al respeto para que las empresas puedan evaluar correctamente la actividad preventiva de las enfermedades mentales. Sobre esto último, se añade además la identificación y reconocimiento de empresas que destaquen por actuaciones de buenas prácticas sobre salud emocional y prevención de enfermedades mentales. Y, un aspecto más interesante sobre esta cuestión es la propuesta de un procedimiento que permita garantizar y favorecer tanto la empleabilidad como el retorno de las personas trabajadoras que sufran algún tipo de enfermedad mental.

En definitiva, se trata de una Estrategia sobre seguridad y salud en el trabajo bastante ambiciosa, con uno reto real y alcanzable, pese a que los nuevos contextos laborales y sociales lo dificultan, y no es otro que garantizar plenamente el bienestar de todas las personas trabajadoras. Para llevarla a la práctica, se desarrollarán dos planes de acción que se corresponden con dos periodos de implementación de las acciones: 2023-2024 y 2025-2027. Y en el tránsito entre cada periodo, se emitirá un informe de seguimiento que pretende reflejar en qué estado se encuentra el plan de acción y el porcentaje de consecución de los objetivos; y en caso de no alcanzarse, se prevé la posibilidad de adoptar nuevas medidas.

2. *La aparición en escena de la regulación del trabajo a distancia y su impacto en la seguridad y salud de las personas trabajadoras*

Hasta el momento, el marco jurídico internacional del trabajo a domicilio —fórmula dominante en la época— estaba sustentado por el Convenio núm. 177 de la OIT[53] y por la Recomendación núm. 188 de la OIT[54], y un aspecto significativo que destacar es que no se prevé expresamente la noción de teletrabajo.

Siendo obvio que entre ambas figuras —el trabajo a domicilio y teletrabajo, pero también el trabajo a distancia y en remoto— existe una sintonía en cuanto que comparten como nota común un elemento locativo, la deslocalización geográfica del lugar de trabajo de la persona trabajadora a quien le corresponde su elección, abandonado así la forma tradicional de desempeño de la actividad laboral en las instalaciones del empleador. Sin embargo, difieren en el elemento funcional puesto que es una tesis superada que "no todo trabajo a distancia es teletrabajo[55]", porque, preci-

---

53 Convenio sobre el trabajo a domicilio, 1996 (núm. 177), adoptado el 20 de junio de 1996. *Vid.* ROJO TORRECILLA E, El trabajo a domicilio (en versión clásica y moderna). La aplicación del Convenio núm. 177 y la Recomendación núm. 184 de la OIT (y referencias a la normativa española y al acuerdo europeo), 2020.

54 Recomendación sobre el trabajo a domicilio, 1996 (núm. 184), adoptada el 20 de junio de 1996. *Ibídem.*

55 SIERRA BENÍTEZ, E. M. (2011). *El contenido de la relación laboral en el teletrabajo,* en *Consejo Económico y Social de Andalucía,* p. 38. Otros autores identifican un criterio comunicativo, es decir, en referencia

samente para el desarrollo de este último se utilizan preferentemente herramientas o dispositivos tecnológicos[56].

No sería hasta mucho más tarde cuando a través del Acuerdo Marco Europeo sobre Teletrabajo (en adelante, AMET[57]) se concretaron específicamente variopintos aspectos que entrañan esta modalidad contractual. Respecto a la preocupación por la salud y seguridad, el AMET hizo especial mención en los siguientes aspectos: a) el papel del empresario como responsable de la protección de la salud y seguridad, b) el deber de información del empresario al teletrabajador sobre la política de prevención de riesgos, especialmente, respecto a la utilización de pantallas de visualización y c) en cuanto a visitar al Teletrabajador como medida de vigilancia, inspección y control de su salud y seguridad.

Y en cuanto al ámbito nacional, ante las incertidumbres generadas por la redacción ambigua e imperfecta del art. 13 ET —referido al trabajo a distancia[58]— respecto a la im-

---

al tipo de enlace que existe entre la persona trabajadora que teletrabaja y la empresa, *Vid.* THIBAULT ARANDA, X. (2000). *El Teletrabajo. Análisis jurídico-laboral*, Madrid, Consejo Económico y Social, pp. 38-39.

56 LUQUE PARRA, M.; GINÉS FABRELLAS, A. (2016). *Teletrabajo y prevención de riesgos laborales*, Confederación Española de Organizaciones Empresariales, Fundación para la Prevención de Riesgos Laborales, Confederación Española de Organizaciones Empresariales (CEOE), p. 21.

57 *Acuerdo firmado el 16 de julio de 2002*, en Bruselas, por los interlocutores sociales europeos CES (Confederación Europea de Sindicatos), UNICE/UEAPME (Unión de Confederaciones de la Industria y de Empresarios de Europa, ahora Business Europe), la Unión Europea del Artesanado y de la Pequeña y Mediana Empresa y el CEEP (Centro Europeo de la Empresa Pública), incluyendo representantes del comité de enlace CEC/Eurocuadros. Los firmantes consideraron que el teletrabajo puede servir al objetivo de modernización de las empresas y organizaciones de servicios públicos, así como medio para que los trabajadores concilien vida profesional y vida personal y gocen de una mayor autonomía en el cumplimiento de sus tareas.

58 Una cuestión sabida por todos, la Ley 3/2012, de 6 de julio, de medidas urgentes para la reforma del mercado laboral, modificó la regulación del trabajo a domicilio para dar cabida al trabajo a

plantación del teletrabajo, el Instituto Nacional de Seguridad, Salud y Bienestar en el Trabajo (en adelante, INSST) *ex* art. 8 LPRL ha desarrollado una encomiable función a través de la publicación de notas técnicas de prevención (en adelante, NTP) como imprescindibles herramientas técnico-prácticas facilitadoras de la aplicación de un marco jurídico complejo como el descrito.

Así, en materia de teletrabajo y especialmente sobre los aspectos negativos que podría ocasionar en la seguridad y salud de la persona trabajadora, destacan la NTP 412[59], la NTP 1122[60] y la NTP 1123[61]. Y, pese a que carecen de carácter obligatorio respecto a su cumplimiento, constituyen una aportación bastante significativa a modo de guía de buenas prácticas.

---

distancia. Esta cuestión, "la redacción general e insuficiente" del antiguo art. 13 ET, ha sido criticada por la doctrina puesto que no se previó con la holgura que merecía las diversas particularidades de la prestación laboral a distancia, en la modalidad de teletrabajo. *Vid.* SIERRA BENÍTEZ, E. M. (2013). La nueva regulación del trabajo a distancia, *Revista Internacional y Comparada de Relaciones Laborales y Derecho al Empleo,* vol. 1, nº 1, pp. 1-38. SIERRA BENÍTEZ, E. M. (2014). *Buenas y/o "malas" prácticas jurídico-laborales en el teletrabajo como fórmula de implantación del trabajo remoto en las empresas privadas,* en ROALES PANIAGUA, E, *Buenas prácticas jurídico-procesales para reducir el gasto social (II),* p. 31. En el mismo sentido, DE LAS HERAS GARCÍA sostiene que la razón principal fue dar acogida al "trabajo a distancia basado en el uso intensivo de las tecnologías". DE LAS HERAS GARCÍA, A. (2021). *Trabajo a distancia y teletrabajo. análisis crítico de normas y prácticas convencionales,* Madrid, Centro de Estudios Financieros, p. 21.

59 NTP 412. AAVV. (1994). "Teletrabajo: criterios para su implantación", *Instituto de Seguridad e Higiene en el Trabajo.*

60 NTP 1122. MANZANO SANTAMARÍA, N. (2018). "Las Tecnologías de la Información y la Comunicación (TIC) (I): nuevas formas de organización del trabajo, *Instituto Nacional de Seguridad y Salud en el Trabajo.*

61 NTP 1.123. MANZANO SANTAMARÍA, N. (2018). "Las Tecnologías de la Información y la Comunicación (TIC) (II): factores de riesgo psicosocial asociados a las nuevas formas de organización del trabajo en Instituto Nacional de Seguridad, Salud y Bienestar en el Trabajo", *Instituto Nacional de Seguridad y Salud en el Trabajo.*

2.1. DE LA EXTREMA URGENCIA DEL RD-L 28/2020 A LA CONVALIDACIÓN EN LA LEY 10/2021

El teletrabajo en España era algo anunciado pero que no estaba entre las prioridades regulatorias hasta que llegó el confinamiento sanitario. De hecho, cabe señalar que, con anterioridad a la declaración del estado de alarma, en España sólo el 4,9% del total de personas empleadas trabajaron de forma habitual desde casa frente a un 3,5% que sólo lo hizo alguna vez. Estos datos arrojan una respuesta contundente, el 91,6% nunca utilizó la opción del teletrabajo, lo que significa que prácticamente ha pasado desapercibida esta modalidad de prestación laboral[62].

De forma general, la implantación del teletrabajo tiene un mayor arraigo en los países del norte de Europa. Por ejemplo, en el caso de Países Bajos y Suecia más del 30% del total de trabajadores desarrollan su actividad laboral a distancia. Mientras que España se sitúa por debajo de la media europea con un 7,5%, en comparación con países como Francia (20%) o Alemania (11,6%) en los que la población acostumbra a trabajar más desde casa[63].

Una de las causas de la lenta e insignificante presencia del teletrabajo puede ser las características del tejido productivo de nuestro país. Se debe tener en cuenta que su implementación es variada en función de las actividades profesionales constituyendo una complejidad sumamente mayor en sectores como la agricultura, hostelería, comercio o la construcción. Y, en suma, por la cultura empresarial

---

62 Unión General de Trabajadores (2020) "El teletrabajo en la encrucijada. Análisis y Propuestas", Estudios, nº 5. Recuperado en https://www.ugt.es/sites/default/files/documento_teletrabajo_-analisis_y_propuestas_ugt.pdf

63 BRINDUSA, A. COZZOLINO, M., LACUESTA, A. (2020). "El teletrabajo en España", *Artículos Analíticos-Boletín Económico del Banco de España,* nº 2, p. 3.

española forjada en "ampliamente forjada sobre la nota de presencialidad[64]".

La declaración del estado de alarma el pasado 14 de marzo de 2020 en todo el territorio nacional llevó aparejada la adopción de medidas de carácter excepcional que contribuyeron a acelerar procesos como la digitalización de las relaciones laborales, en general, y una transición improvisada y cuasi-obligatoria hacia el teletrabajo, en particular.

La rápida transmisión del virus conocido como SARS-COVID-19 a nivel internacional justificó la adopción de medidas urgentes e inmediatas. Entre otras, limitación de libertades públicas y derechos fundamentales de los ciudadanos con el fin de salvaguardar la salud de todos. La incidencia de la crisis ha amenazado con la paralización de todas las actividades económicas —salvo los servicios esenciales— por la vía del confinamiento. Ante la innegable situación que amenaza la pérdida de puestos de trabajo y clausura de negocios, se dicta el Real Decreto-ley 8/2020, de 17 de marzo, de medidas urgentes extraordinarias para hacer frente al impacto económico y social del COVID-19.

Una de las medidas excepcionales contenidas en el antedicho RD-L 8/2020, es la adopción con carácter preferente del trabajo a distancia. Esta medida fue considerada como prioritaria frente a la cesación temporal o reducción de la actividad, siendo responsabilidad de la empresa adoptarla. Con este panorama, las empresas que ya venían aplicando en su estructura organizativa el teletrabajo han podido adaptarse, no sin dificultades, a este imprevisto. Pero otras muchas, conforme a su actividad o por carecer de medios necesarios para implantarla, han tenido que emprender numerosos cambios organizativos —no exentos de inversión económica en muchos casos— para mantener en funcionamiento su actividad.

---

64 ÁLVAREZ CUESTA, H. (2020). "Del recurso al teletrabajo como medida de emergencia al futuro del trabajo a distancia", *Revista Lan Harremanak*, nº 43, pp. 175-201.

La deslocalización de la prestación laboral, comúnmente desarrollada en un espacio físico que es propiedad de la empresa, ha adquirido, a la fuerza, un protagonismo inesperado con la actual crisis sanitaria provocada por el COVID-19 que, lejos de ser una cuestión estrictamente sanitaria, ha provocado una profunda conmoción en nuestras sociedades y economías.

En esta triple dimensión de la pandemia, sanitaria social y económica, se hace necesario conocer el impacto que provoca el confinamiento respecto de las relaciones laborales. Aunque no de igual forma para todos los sectores, la pandemia ha puesto de manifiesto que el trabajo a distancia, a domicilio o teletrabajo (términos usada comúnmente como sinónimos) es perfectamente posible, no sin dificultades prácticas, gracias a la evolución de internet y de los aplicativos necesarios para estar interconectados[65].

La pandemia motivó la presentación precipitada y urgente por el legislador de una propuesta de texto normativo que regula el trabajo a distancia, *lato sensu*[66]. Entre otros objetivos, con el fin de alcanzar una seguridad jurídica, que a la vista está no es garantizada con total garantía por el art. 13 ET, el proyecto de real decreto fue publicado en la página del Ministerio de Trabajo, Migraciones y Seguridad Social a efectos de consulta pública del 6 al 22 de junio de 2020.

Finalmente, se adoptó en Consejo de Ministros debido al COVID-19 su tramitación por el procedimiento de urgencia. El reto fue sumamente importante ya que se intentó alcanzar una regulación lo suficientemente consen-

---

65 RIVERO LAMAS, J. (2003). "Proyecciones de la descentralización productiva: Instrumentación jurídico-laboral", pp. 23-62, en DE VAL TENA, A. L. RIVERO LAMAS, J.R. *Descentralización productiva y responsabilidades empresariales: el outsourcing*, Navarra, Aranzadi.

66 GARCÍA GONZÁLEZ, G. (2020). "La nueva regulación del trabajo a distancia y del teletrabajo: entre lo simbólico y lo impreciso", *Revista Trabajo y Derecho*, nº 72, p. 17.

suada, transversal y que garantice el equilibrio de derechos entre ambas partes contractuales. Por tanto, se negoció un texto que abordase aspectos singulares de esta modalidad tales como los riesgos psicosociales y psicofísicos que son palpables, o la igualdad entre hombres y mujeres en lo que se refiere al acceso al empleo, a la formación y a la promoción profesional, y a las condiciones de trabajo (especial referencia al Real Decreto-ley 6/2019).

El texto fue objeto de debate y sometido a informe de las organizaciones empresariales y sindicales más representativas. Siendo cierto y verdad que no contó, en primera instancia, con la aprobación de las patronales CEOE y CEPYME quienes manifestaron que se trataba de "un texto desequilibrado, de enfoque errático, apartado de la realidad del tejido productivo y de las necesidades de empresas y trabajadores, que lejos de fomentar con garantías la utilización de esta forma de organización del trabajo podría desincentivar su implantación en España y ralentizar su consolidación". No obstante, superados estos obstáculos, se aprobó en Consejo de Ministros el 22 de septiembre de 2020 el Real Decreto-ley 28/2020, de 22 de septiembre, de trabajo a distancia[67].

La entrada en vigor tuvo lugar el 14 de octubre de 2020 puesto que la disposición final decimocuarta del texto dispone la entrada en vigor a los 20 días de su publicación en el BOE. El objetivo del legislador no es otro que ofrecer

---

67 *Vid.* un análisis exhaustivo de la norma en GALA DURÁN, C. (2020). "La diversificación del trabajo a distancia tras el Real Decreto-Ley 28/2020", *Revista derecho de las relaciones laborales*, nº 11, pp. 1473-1493. TODOLÍ SIGNES, A. (2020). "La regulación del trabajo a distancia", *Revista derecho de las relaciones laborales*, nº 11, pp. 1493-1504, SIERRA BENÍTEZ, M. (2020). "¿Se mantiene el carácter preferente del trabajo a distancia en su nueva regulación", *E-Revista Internacional de la Protección Social*, Vol. 5, nº 2, pp. 8-10, DE LAS HERAS GARCÍA, A. (2020). "Análisis de la nueva regulación del trabajo a distancia", *Estudios financieros. Revista de trabajo y seguridad social: Comentarios, casos prácticos: recursos humanos*, nº 452, pp. 171-193.

una regulación suficiente, transversal e integrada en una norma que ofrezca una respuesta jurídica a diversas necesidades, equilibrando el uso de nuevas formas de prestación de trabajo por cuenta ajena con un marco de derechos laborales[68].

Este RD-L —conformado por la exposición de motivos, cuatro capítulos, veintidós artículos, siete disposiciones adicionales, cuatro disposiciones transitorias y catorce disposiciones finales— supone, desde el inicio, una ampliación evidente de la regulación estatutaria contenida en los arts. 13 y 34 ET que, además, consigue integrar tanto los aspectos referidos a la intimidad y a la protección de datos como los relativos a la desconexión digital, en los términos previstos en la LOPD.

Posteriormente, este RD-L tras ser convalidado en el Congreso de los Diputados fue tramitado como proyecto de ley. Como resultado, se aprobó la Ley 10/2021, de 9 de julio, de trabajo a distancia y entre sus objetivos, se recoge en la exposición de motivos "el objetivo es proporcionar una regulación suficiente, transversal e integrada en una norma sustantiva única que dé respuestas a diversas necesidades, equilibrando el uso de estas nuevas formas de prestación de trabajo por cuenta ajena y las ventajas que suponen para empresas y personas trabajadoras". Y, además, se caracteriza por:

- El carácter voluntario y reversible.
- La concreción de la regularidad en esta modalidad laboral: 30 % en un mínimo de 3 meses de referencia o la proporcionalidad que corresponda en función de la duración del contrato.
- La igualdad de trato y de oportunidades y no discriminación.

---

68 DE LA CÁMARA ARILLA, C. (2000). "El teletrabajo, un indicador de cambio en el mercado de trabajo", *Cuaderno de Relaciones Laborales,* nº 17, p. 250.

- La formalidad por escrito del acuerdo de trabajo a distancia; con indicación del contenido mínimo obligatorio, así como su posible modificación.
- La debida compensación de gastos
- El derecho a la promoción y formación profesional.
- El ejercicio de los derechos colectivos
- La delimitación de los tiempos máximos de trabajo y mínimos de descanso.
- El derecho a la prevención de riesgos laborales.
- Los derechos relacionados con el uso de medios digitales: arts. 87-90 LOPD.

En definitiva, se concluye como se inició este capítulo. Si antes del inicio de la pandemia la presencia del teletrabajo en España había tenido una aplicación bastante tenue[69], tras la finalización del periodo de confinamiento domiciliario y la entrada en "la nueva normalidad ciudadana" los indicadores no reflejan un cambio revelador al respecto. En virtud de los datos aportados por el Instituto Nacional de Estadística (en adelante, INE) en su estudio sobre la incidencia del COVID-19[70] en el mercado de trabajo varían considerablemente. Si bien antes de la pandemia en España el nº de establecimientos que priorizaba el teletrabajo oscilaba en un 16%, durante el estado de alarma se incrementó considerablemente hasta el 51,4%.

Sin embargo, una vez adentrados en este proceso de normalización pandémica, se evidencia un retroceso con-

69 LOUSADA, F. y RON LATAS, R.P. (2015). "Una mirada periférica al teletrabajo, el trabajo a domicilio y el trabajo a distancia en el derecho español", pp. 31-46, en VILLALBA SÁNCHEZ, A. MELLA MÉNDEZ, L. *Trabajo a distancia y teletrabajo: estudios sobre su régimen jurídico en el derecho español y comparado*, Pamplona, Aranzadi.

70 Indicador de Confianza Empresarial (ICE). Módulo de Opinión sobre el Impacto de la COVID-19 Segundo semestre de 2020 y primer semestre de 2021. Recuperado de https://www.ine.es/daco/daco42/ice/ice_mod_covid_0121.pdf

siderable en el teletrabajo disminuyendo al 43,4% las empresas que optan por esta modalidad[71], desmontando las teorías de que alentaban un futuro distinto[72].

---

71 Este retroceso puede tener causa en el abono de los gastos derivados del trabajo a distancia por el empresario, apostando por un modelo híbrido semipresencial abonando la figura del "trabajador en remoto". *Vid.* Las empresas limitan el teletrabajo a menos del 30% para evitar los gastos asociados, (9 de septiembre de 2021), Cinco Días-El País Economía, https://cincodias.elpais.com/cincodias/2021/09/08/legal/1631094969_500287.html

72 LÓPEZ. L. (5 de marzo de 2021). Los datos lo demuestran: el teletrabajo ha llegado para quedarse. *El Mundo.* Recuperado de https://ahoramascerca.elmundo.es/deslocalizacion/los-datos-lo-demuestran-el-teletrabajo-ha-llegado-para-quedarse

3. La Ley 10/2021, de 9 de julio, de trabajo a distancia

Uno de los puntos que más interés despierta el trabajo a distancia es la potestad con la que cuentan las personas trabajadoras para distribuir la jornada de trabajo. En tal sentido, la prestación de servicios se ve alterada en tiempo y forma[73], de tal manera que ya no es necesario acudir al centro de trabajo ni cumplir con estrictos horarios de trabajo para completar las horas de contrato[74]. Pese a ello, la movilidad de las franjas horarias deberá, en todo caso, respetar los tiempos de trabajo sin superar los límites horarios de la jornada y de descanso del art. 34 ET. Aunque todo esto parece complejo de cuadrar, debe preverse en el acuerdo de teletrabajo, observando los tiempos de disponibilidad obligatoria y respetando los tiempos de descanso.

Es evidente el peligro que puede entrañar el teletrabajo en el espacio más íntimo y reservado como es su domicilio, donde deben mediar de forma equilibrada la vida laboral y personal o privada del trabajador. Los medios digitales se desarrollan a ritmos escalofriantes y su integración en las relaciones laborales es innegable. Lejos quedó atrás la novedad en el uso de pendrives, discos duros o incluso la *Tablet* frente al *Smartwatch,* pulseras digitales, el *Smartphone* o aplicaciones inteligentes. Una constante revisión de conceptos jurídicos provocada por la incidencia digital para ga-

---

73 CASAS BAAMONDE valora que la política legislativa era necesaria y acertada ante el desafío cada vez más "divergente" en el "nuevo marco de las relaciones laborales", en CASAS BAAMONDE, M.E. (2020). "El derecho del Trabajo, la digitalización del trabajo y el trabajo a distancia", *Revista Derecho de las relaciones laborales*, nº 11, p. 4.

74 CEDROLA SPREMOLLA, G. (2017). "El trabajo en la era digital: reflexiones sobre el impacto de la digitalización en el trabajo, la regulación laboral y las relaciones laborales", *Revista de Derecho de la Universidad de Montevideo,* nº 31, p. 115.

rantizar el respeto de derechos fundamentales y minimizar el riesgo de afectación.

3.1. DEL TIEMPO DE LA PRESTACIÓN DE SERVICIOS: LAS DIFICULTADES (NO SOLO) CONCILIATORIAS

La conciliación entre la vida laboral y familiar constituye un objetivo que ha sido perseguido históricamente a fin de alcanzar un reparto equilibrado de responsabilidad personales, familiares y profesionales entre hombres y mujeres[75]. A este respecto, la doctrina en el análisis de esta cuestión ha puntualizado que "las medidas de conciliación de la vida familiar y laboral tratan de proteger dos bienes jurídicos: la familia y la mujer, en atención a su condición biológica y al rol social que tradicionalmente le ha sido asignado[76]".

Precisamente, uno de los aspectos que más se ha destacado de las personas que optan por la modalidad de teletrabajo es que pueden conciliar más fácilmente las responsabilidades profesionales con el cuidado de menores y personas dependientes[77]. Esta posibilidad se encuentra recogida en el art. 3.1 f) de la Directiva (UE) 2019/1158 que introdujo como fórmula de trabajo flexible la utilización por las personas trabajadoras del trabajo a distancia a fin de equilibrar el modelo de trabajo con las responsabilidades familiares. Y que, en cierto modo, podría dar respuesta a

---

75 RODRÍGUEZ RODRÍGUEZ, E. (2021). "De la conciliación a la corresponsabilidad en el tiempo de trabajo: un cambio de paradigma imprescindible para conseguir el trabajo decente", *Lex Social: Revista De Derechos Sociales*, Vol. 11, n° 1, p. 42.

76 RODRÍGUEZ GONZÁLEZ, S. (2011). "Conciliación y corresponsabilidad entre la vida laboral y familiar: aspectos relevantes en su regulación y análisis de la directiva 2010/18/UE", *Anales de la facultad de Derecho*, n° 28, p. 230.

77 BARRIOS BAUDOR, G. L. (2020). Adaptaciones y/o reducciones especiales de jornada con ocasión de la crisis sanitaria COVID-19: Plan MECUIDA, *Revista Aranzadi Doctrinal*, n°. 6.

los nuevos modelos flexibles de organización del trabajo basados en una connotación de autogestión por las personas trabajadoras para adaptarse a las nuevas demandas o realidades familiares[78].

En a la misma línea, el art. 34.8 ET[79] plantea la posibilidad de las personas trabajadoras a "solicitar las adaptaciones de la duración y distribución de la jornada de trabajo, en la ordenación del tiempo de trabajo y en la forma de prestación, incluida la prestación de su trabajo a distancia, para hacer efectivo su derecho a la conciliación de la vida familiar y laboral[80]". No obstante, se concreta que "dichas

---

78 RIVAS VALLEJO, P. (2010). "Conciliación de la vida privada y profesional: consecuencias y mentas en el derecho comunitario y en el derecho español", *La Ley*, nº 1, p. 16.

79 Modificado tras la entrada en vigor del Real Decreto-ley 6/2019, de 1 de marzo, de medidas urgentes para garantía de la igualdad de trato y de oportunidades entre mujeres y hombres en el empleo y la ocupación.

80 En este momento es preciso puntualizar que "la posibilidad de trabajo a distancia supone la necesidad de diferenciar esta solicitud vía art. 34.8 ET del supuesto de teletrabajo en el marco de la Ley 10/2021, de trabajo a distancia. Si el trabajo a distancia es la consecuencia del ejercicio por el trabajador de su derecho a la adaptación de la forma de prestación laboral para compatibilizar el trabajo con la vida familiar el procedimiento para la implantación del trabajo a distancia, por solicitud del trabajador, sigue las reglas del art. 34.8 ET, aunque en sus contenidos y garantías podría aplicarse el régimen de la Ley 10/2021". NAVARRO NIETO, F. (2023). "Actualidad normativa y jurisprudencial en los derechos de conciliación de la vida familiar y laboral", *Revista Española de Derecho del Trabajo*, nº 262, p. 11. Por otro lado, THIBAULT ARANDA señala que el art. 34.8 ET reconoce "el derecho a solicitar", es decir, el articulado prevé una "expectativa de derecho" que será objeto de estudio por el empresario en virtud de lo que establezca el convenio colectivo y, en su defecto, la negociación con la persona trabajadora. Y, en caso de no prosperar, la persona trabajadora podrá acudir a la jurisdicción para solicitar la petición de trabajo a distancia. THIBAULT ARANDA, X. (2020). "Toda crisis trae una oportunidad: el trabajo a distancia", Revista Trabajo y Derecho, nº 12, p. 8. *Vid.*, algunos pronunciamientos sobre la materia, en STSJ Galicia 541/2022 de 3 de febrero, STSJ Madrid 329/2022 de 17 de mayo, STSJ Asturias 995/2022 de 17 de mayo, STSJ de Madrid 520/2022 de 30 de septiembre, STSJ Andalucía 1926/2020 de 18 noviembre.

adaptaciones deberán ser razonables y proporcionadas en relación con las necesidades de la persona trabajadora y con las necesidades organizativas o productivas de la empresa[81]".

En este punto, ha de advertirse que la implementación generalizada del teletrabajo debe realizarse aplicando un enfoque o perspectiva de género que atienda a las demandas de corresponsabilidad actuales. Solo así puede evitarse que se produzca una inversión de los roles parentales que podría afectar de forma distinta a mujeres y hombres[82]. Y es que, como se ha advertido, el interrogante que surge es si el teletrabajo pudriera suponer una forma de organización de la prestación laboral que, en último término, [consolide] "el rol doméstico en el hogar" de la mujer[83]. No puede obviarse el impacto de género y las consecuencias económicas y sociales que podrían terminar por agravar la desigualdad por razón de género.

Centrándonos en el ámbito del teletrabajo, los resultados obtenidos por un estudio elaborado por UGT "Teletrabajo y Corresponsabilidad"[84] exteriorizan que como consecuencia de la irrupción de la COVID-19, las mujeres doblaron en número a los hombres; no solo en cuanto al número total de mujeres que optaron por la modalidad, sino también por la frecuencia de la prestación laboral a distancia. En cuanto al desglose de los datos, entre el grupo comprendido en los 16-24 años no existe un desequilibrio

---

81 *Vid.* GOERLICH PESET, J.M., NORES TORRES, E. (2011). "Poderes directivos empresariales y conciliación de la vida laboral y familiar: una asignatura pendiente", *La Ley*, nº 1369.

82 TURBAN, S., FREEMAN, L. WABER, B. (2017). A Study Used Sensors to Show That Men and Women Are Treated Differently at Work. Retrieved from Harvard Business. Recuperado de https://hbr.org/2017/10/a-study-used-sensors-to-show-that-men-and-women-are-treated-differently-at-work

83 GRAU PINEDA, C. (2020). *La brecha de las pensiones en España*, Albacete, Editorial Bomarzo, p. 83.

84 ROMERO PEDRAZ, S. VARELA FERRIO, J. (2021). "Teletrabajo y Corresponsabilidad", *Servicios de Estudios UGT*, nº 16, pp. 12-16.

en el incremento interanual. Por el contrario, si nos centramos en los grupos de edad que oscilan entre los 25 a los 55 años, puede comprobarse que el incremento interanual es superior en mujeres frente a los hombres[85].

El estudio permite concluir que, por primera vez y tras la irrupción de la pandemia, el número de mujeres que optó por el teletrabajo como opción prioritaria fue superior al número de hombres. Por consiguiente, puede aseverarse que durante el periodo de confinamiento quienes asumieron y redoblaron esfuerzos conciliadores fueron las mujeres[86]. Los datos nos reflejan que, pese a los esfuerzos del legislador por dotar una fórmula flexible de la jornada laboral a fin de facilitar la conciliación de la vida profesional y personal, el teletrabajo puede perpetuar los roles de género[87]. Por consiguiente, pese a que la Ley 10/2021 prevé esta situación en su exposición de motivos, "lo que se necesitan son medidas al respecto, y tales medidas habrían de tener un carácter imperativo difícilmente articulables con la libertad de las partes para establecer la forma de

---

85 En cuanto a los incrementos por género en los años 2019-2020, existe un incremento interanual del 86,38% en hombres frente a un 158,08% en mujeres. Por otro lado, la diferencia entre los años 2019-2021, se plasma un incremento en 58,18% en hombres y un 102,35% en mujeres.

86 Otro estudio ha puesto de relieve que las mujeres sufrieron un 30% más de interrupciones respecto a los hombres durante el periodo de confinamiento en el ámbito familiar; elevándose a un 25% en el caso de madres solteras. Por otro lado, en cuanto a los riesgos, las mujeres solteras sufrieron en mayor porcentaje niveles de estrés (18%) y fatiga mental (33%) de media respecto a los hombres. *Vid.* LAS HERAS, M. BARRAZA, M. (2020). "Mujer y Trabajo en Remoto durante COVID-19" Estudio liderado por IESE Business School. Recuperado de https://mediaroom.iese.edu/wp-content/uploads/2020/07/DEF-infografias-teletrabajo-COVID19-14.pdf

87 Esta postura es defendida por FERNÁNDEZ COLLADOS, quien ha manifestado además que "la corresponsabilidad difícilmente puede imponerse a través de la legislación laboral, siendo más bien una asignatura pendiente a nivel educacional y social". FERNÁNDEZ COLLADOS, M.B. (2022). ¿Es el teletrabajo una fórmula de conciliación de la vida personal, familiar y laboral?, *Revista Internacional y Comparada de Relaciones Laborales y Derecho del Empleo,* Vol. 10, n° 1, pp. 206-207.

prestación de los servicios con independencia de su género, pues lo contrario sería algo así como una especie de discriminación positiva a favor del teletrabajo del varón".

A tenor de los datos expuestos, en la práctica la COVID-19 "ha evidenciado, visibilizado y agravado algunos efectos negativos de esta modalidad de trabajo que ya se venían detectando al producirse en un entorno donde los estereotipos y las relaciones patriarcales siguen estando muy presentes[88]". Una situación que requerirá una atención y preocupación específica para evaluar la variabilidad de los datos en este proceso o etapa postpandemia.

Sin embargo, no debe olvidarse que la normativa del trabajo a distancia hace especial referencia a la LPRL en los arts. 15 y 16 respectivamente. Deja de manifiesto que en las mismas condiciones que el resto de las personas trabajadoras, aquéllos que decidan trabajar a distancia tienen su derecho a una adecuada protección en materia de seguridad y salud por la directa aplicación de la LPRL.

En esta apuesta preventiva y de acuerdo con el criterio del INSST, el conflicto trabajo-familia puede originarse por una incompatibilidad suscitada entre las demandas laborales y las familiares[89]. Así, cuando ambas demandas se materializan de forma síncrona pueden dar lugar a la aparición de riesgos psicosociales con el evidente perjuicio para la salud de las personas trabajadoras. Además, expone que las mujeres siguen siendo un colectivo expuesto y, por ende, vulnerable a este tipo de riesgos, ya que siguen asumiendo el peso de la responsabilidad en el cuidado familiar, así como la planificación del trabajo doméstico. Por tales razones, debe llevarse a cabo un proceso de evaluación preventiva con una perspectiva de género a fin de poner de relieve la identificación a la exposición de conflictos de trabajo-fa-

---

88 GRAU PINEDA, C. (2020). *La brecha de las pensiones en España, ob. cit.*, p. 82.

89 *Vid.* https://www.insst.es/documentacion/catalogo-de-publicaciones/conflicto-trabajo-familia-como-riesgo-psicosocial-2023

milia y los factores de riesgo psicosocial que interaccionan (jornada y demanda laboral, jornada asocial de trabajo, alta demanda laboral y baja autonomía o control).

3.2. PREVISIONES ESPECÍFICAS SOBRE TELETRABAJO Y LA PREVENCIÓN DE RIESGOS LABORALES

Por otra parte, interesa resaltar lo dispuesto en el art. 16 de la Ley 10/2021 en relación con la evaluación de los riesgos y planificación de la actividad preventiva de esta modalidad. Hizo lo propio el legislador al poner énfasis en observar atentamente los factores psicosociales, ergonómicos y organizativos característicos de esta modalidad[90]. Concretamente, en aspectos como la distribución de la jornada, los tiempos de disponibilidad y la garantía de los descansos y desconexiones durante la jornada. Es decir, implícitamente lo relaciona con un principio digital nuevo como es la desconexión digital.

La deslocalización del trabajo causada por el proceso de digitalización ha cambiado por completo los esquemas tradicionales y los hábitos en la organización del trabajo. Se pone en evidencia, por tanto, el carácter disruptivo de la tecnología que puede ocasionar la alteración de los tiempos y formas de trabajar[91].

Este deber del empresario se instaura a través del respeto y acatamiento de los principios preventivos que identifica el art. 15 LPRL, a saber: a) Evitar los riesgos, b) Evaluar los riesgos que no se puedan evitar, c) Combatir los riesgos

---

90 SABADELL I BOSCH, M. M. RIMBAU GILABERT, E. (2020). La prevención de riesgos laborales ante la digitalización, *Capital humano: revista para la integración y desarrollo de los recursos humanos*, nº 352, p. 15 y ss.

91 ÁLVAREZ DE SOTOMAYOR, L.D. (2020). “Riesgos psicosociales y tecnoestrés en el teletrabajo desde casa”, *Revista Trabajo y Derecho: nueva revista de actualidad y relaciones laborales*, nº extra-12, p. 14.

en su origen, d) Adaptar el trabajo a la persona, en particular en lo que respecta a la concepción de los puestos de trabajo, así como a la elección de los equipos y los métodos de trabajo y de producción, con miras, en particular, a atenuar el trabajo monótono y repetitivo y a reducir los efectos del mismo en la salud, e) Tener en cuenta la evolución de la técnica, f) Sustituir lo peligroso por lo que entrañe poco o ningún peligro, g) Planificar la prevención, buscando un conjunto coherente que integre en ella la técnica, la organización del trabajo, las condiciones de trabajo, las relaciones sociales y la influencia de los factores ambientales en el trabajo, h) Adoptar medidas que antepongan la protección colectiva a la individual, i) Dar las debidas instrucciones a las personas trabajadoras[92].

Por tanto, se prevé perfectamente los objetivos a alcanzar para salvaguardar, preservar el derecho del trabajo y la obligación legal que le corresponde[93].

---

92 Obligaciones que traen causa en caso de cumplimiento meramente formal *ex* art. 42 LPRL de la aplicación de responsabilidad contractual administrativa, civil o penal. Este razonamiento es dispar en la doctrina, ya que por una parte se entiende que esta responsabilidad deviene por la asunción por el empresario de una obligación de medios, es decir, le corresponde proporcionar todas las medidas necesarias para minimizar los riesgos aun produciéndose estos. De tal forma que aun no produciéndose un resultado dañoso estaría incumpliendo su obligación específica, la de proporcionar los medios correspondientes para salvaguardar los posibles daños. *Vid.* SALA FRANCO, T, *El deber de protección al trabajador en materia de seguridad y salud laboral* en *DS: Derecho y salud,* 1996, n. 1, p. 10. Por el contrario, quienes defienden que la obligación empresarial es una obligación de resultado, lo que conllevaría una responsabilidad sumamente mayor para el empresario, ya que solo cuando no existan daños o lesiones habría cumplido su obligación preventiva. Y las consecuencias serían totalmente distintas, mientras que para la primera (medios) la responsabilidad será subjetiva, por concurrir dolo o culpa, mientras que para la segunda (resultados) será objetiva. *Vid.* GONZÁLEZ ORTEGA, S. APARICIO TOVAR, J, *Comentarios a la Ley 31/1995 de Prevención de Riesgos Laborales,* Ed. Trotta, 1996, p. 107.

93 *Vid.* el Criterio Técnico 104/2021 sobre actuaciones de la Inspección de Trabajo y Seguridad Social en riesgos psicosociales indica correctamente el "*modus operandi*" sancionador respecto a incumplimientos relacionados con la normativa de prevención de riesgos

A la hora de evaluar estos riesgos la variable tecnológica debe ser tomada en consideración, dado que, de no ser así, la eficacia garantista de seguridad y salud decaería por completo. La introducción de la tecnología en el puesto de trabajo no debe conculcar el derecho de las personas trabajadoras a una protección eficaz que presupone la correspondiente obligación del empresario como garante, *ex* art. 14 LPRL.

Por ello, la elección correcta en la acción preventiva sería la de adaptar el trabajo a la persona y no al revés[94], en lo que se refiere a elección de los equipos y los métodos de trabajo y de producción, con miras, en particular, a atenuar el trabajo monótono y repetitivo y a reducir los efectos de este en la salud.

Y es que la hiperconectividad a dispositivos digitales como las malas condiciones de la zona[95] (ventilación, luz, respaldo, postura cervical[96]) reservada por las personas trabajadoras para llevar a cabo el trabajo a distancia son un nicho de patologías asociadas a riesgos ergonómicos[97] y psicológicos (fatiga visual, aislamiento social, inseguridad laboral). Ante estos ambiciosos cambios de la actividad empresarial no desaparece la obligación de la parte empleadora de llevar a cabo el plan preventivo en la entidad, tal y

laborales. En concreto, respecto a los deberes del empresario, se prevén como infracciones los arts. 7.5, 8.11, 11.4 y 5, 12.1 a) y b), 12.6 y 12.11 del Real Decreto Legislativo 5/2000, de 4 de agosto, por el que se aprueba el texto refundido de la Ley sobre Infracciones y Sanciones en el Orden Social.

94 MELLA MÉNDEZ, L. (2020). Los retos de la prevención de riesgos laborales ante la digitalización de la empresa y las nuevas formas de trabajo, *Revista Española de Derecho del Trabajo*, nº 229, p. 3.

95 Sobre ergonomía del puesto y ambiente de trabajo en la NTP 139: El trabajo con pantallas de visualización.

96 *Vid.* VILLAR FERNÁNDEZ, M.F., BEGUERIA LATORRE, P.A., (1990). NTP 232: Pantallas de visualización de datos (P.V.D.): fatiga postural.

97 *Vid.* FIDALGO VEGA, M., NOGAREDA CUIXART, C. (2001). NTP 602: El diseño ergonómico del puesto de trabajo con pantallas de visualización: el equipo de trabajo.

como dispone el art. 16 LPRL. De hecho, en lo que al uso de las TIC se refiere, el apartado segundo de este artículo recoge expresamente que, por un lado, debe observarse los puestos que desempeña cada persona trabajadora y las características de su puesto, es decir, si acude presencialmente a la oficina o ha preferido la modalidad a distancia. Y, por otro, la evaluación con ocasión de la elección de los equipos de trabajo y el acondicionamiento de los lugares de trabajo. De este modo, se esclarece el significado ambiguo al que se le ha querido otorgar a la LPRL por no responder a la incidencia de la tecnología.

Con lo cual, a la hora de evaluar los riesgos que sobrevuelan sobre la prestación laboral de una persona trabajadora que desarrolla su actividad mediante teletrabajo será objeto de tratamiento aspectos tales como si utiliza teléfono móvil, Tablet, dispositivo portátil de propiedad privada o empresarial. Y, en suma, si el lugar reservado para desempeñar la actividad laboral es el más adecuado en cuanto a seguridad e higiene laboral.

Una cuestión a parte es si con la Ley 10/2021 se podría haber dotado a la prevención de riesgos laborales de un protagonismo mayor por los riesgos que se han planteado. Así pues, el art. 16 acertadamente recoge la preocupación por los riesgos que puede generar el teletrabajo si no se lleva a cabo correctamente y que pasan a ser examinados a continuación.

3.2.1. Del lugar de la prestación de servicios: el domicilio de la persona teletrabajadora

Uno de los interrogantes que se planteó durante la tramitación del texto es cómo podría llevarse a cabo la evaluación de riesgos en un ámbito reservado y protegido constitucionalmente como es el domicilio de la persona trabajadora. Téngase en cuenta que, en ningún caso, tanto en el RD-L 28/2020 como en la Ley 10/2021, se prevé definición alguna sobre el concepto de domicilio, por lo que como estima una parte de la doctrina "habrá que preguntarse qué noción debe emplearse de este término, ya que solo aquellos lugares que puedan ser considerados como domicilio estarán protegidos por el mencionado derecho fundamental[98]".

Sobre esta incertidumbre generada respecto al concepto de domicilio es posible acudir a la doctrina del TC para encontrar una respuesta y así determinar y delimitar este espacio constitucionalmente protegido. Así, de acuerdo con la STC 22/1984, el domicilio "es un espacio en el cual el individuo vive sin estar sujeto necesariamente a los usos y convenciones sociales y ejerce su libertad más íntima[99]". Con una mayor concreción, el domicilio sería aquel espacio físico que dispone de la aptitud concreta en el que pueda fructificar de forma efectiva el desarrollo de la vida privada y, por tanto, constituye la configuración de un espacio que revela una clara evidencia con efectos *ad extra* de impedir el conocimiento e intromisión de terceros[100].

---

98 ALEGRE NUENO, M. (2021). "La prevención de riesgos laborales en el trabajo a distancia", p. 225, en LÓPEZ BALAGUER, M (dirs.). *El trabajo a distancia en el RDL 28/2020*, Tirant lo Blanch.

99 Recurso de amparo núm. 59/1983 (JUR\ RTC 1984\22).

100 Esta argumentación es llevada a cabo por el TC en la sentencia 10/2002, de 17 de enero en el fundamento jurídico séptimo. Con ánimo de mayor exhaustividad, expone que "el rasgo esencial que define el domicilio delimita negativamente los espacios que no pueden ser considerados domicilio: de un lado, aquéllos en los que se demuestre de forma efectiva que se han destinado a cualquier actividad distinta a la vida privada, sea dicha actividad comercial, cultural, política, o de cualquier otra índole; de otro, aquéllos que, por sus propias características, nunca podrían ser considerados aptos para desarrollar en ellos vida privada, esto es, los espacios abiertos. En este sentido resulta necesario precisar que, si bien no todo espacio cerrado constituye domicilio, ni deja de serlo una vivienda por estar circunstancialmente abierta, sin embargo, es consustancial a la noción de vida privada y, por tanto, al tipo de uso que define el domicilio, el carácter acotado respecto del exterior del espacio en el que se desarrolla". Cuestión de inconstitucionalidad núm. 2829/1994 (JUR\ RTC 2002\10).

Por tanto, es posible la utilización de un concepto amplio sobre la delimitación del domicilio de la persona trabajadora a distancia o que desarrolle la modalidad de teletrabajo. Así, es posible identificar espacios físicos distintos del concepto del domicilio en los que la persona trabajadora también desarrolla su vida privada como es el caso de las habitaciones de hotel[101], los camarotes de embarcaciones[102], despachos o locales profesionales[103].

---

101 Por el contrario, en la STC 10/2002 si bien se muestra partidario a que "las habitaciones de los hoteles pueden constituir domicilio de sus huéspedes, ya que, en principio, son lugares idóneos, por sus propias características, para que en las mismas se desarrolle la vida privada de aquéllos habida cuenta de que el destino usual de las habitaciones de los hoteles es realizar actividades enmarcables genéricamente en la vida privada". No obstante, no sucede lo mismo en otros casos, así dispone que "ello, no obstante, no significa que las habitaciones de los hoteles no puedan ser utilizadas también para realizar otro tipo de actividades de carácter profesional, mercantil o de otra naturaleza, en cuyo caso no se considerarán domicilio de quien las usa a tales fines".

102 A este respecto, el TS en la sentencia 229/2008 de 15 de mayo tuvo ocasión de manifestar que "una embarcación puede constituir la morada de una o varias personas cuando la utilicen como reducto de su vida privada, pues sin duda en ocasiones están construidas de forma que algunas de sus dependencias, como los camarotes, resultan aptas. para que en las mismas se desarrollen conductas o actividades propias de áreas de privacidad, pero resulta dificultoso extender el concepto de domicilio en todo caso a otras zonas de aquélla. Nada impide, sino más bien lo contrario según la experiencia, que determinadas zonas del barco se destinen específicamente a otros fines distintos de los propios del domicilio, como puede ocurrir con la cubierta, utilizada en las maniobras náuticas o como lugar de esparcimiento, o las bodegas, utilizadas exclusivamente para la carga, o la zona de máquinas, y en estos casos no se puede extender indiscriminadamente a estas zonas del barco la misma protección que la Constitución otorga al domicilio, pues no pueden entenderse aptas. con carácter general para la vida privada". Recurso de casación núm. 10896/2007 (JUR\ RJ 2008\3098).

103 Sobre este espacio físico, el TEDH ha elaborado una jurisprudencia por la que amplía la noción de domicilio *ex* art. 8.1 CEDH a los despachos o bufetes profesionales. *Vid.* Niemietz *versus* Allemagne, André et autre *versus* France, Buck *versus* Allemagne y Heino *versus* Finland. En el mismo sentido la STEDH caso Iliya Stefanov *versus* Bulgaria, estimó que el registro efectuado en la oficina del abogado

En este proceso de evaluación preventiva expresa la Ley 10/2021 que el empresario obtendrá toda la información acerca de los riesgos a los que está expuesta la persona que trabaja a distancia mediante una metodología que ofrezca confianza respecto de sus resultados, y prever las medidas de protección que resulten más adecuadas en cada caso[104].

Por otro lado, el art. 16.1 párrafo segundo, acota la evaluación de riesgos exclusivamente a la zona habilitada para la prestación de servicios. Impidiendo que se incorpore a dicha evaluación al resto de zonas de la vivienda o del lugar elegido para el desarrollo del trabajo a distancia. Y, a continuación, el art. 16.2 plantea la posibilidad para que se pueda efectuar una correcta evaluación de riesgos *in situ*, es decir, de que la persona encargada de efectuar la evaluación de riesgos realice una visita al domicilio de la persona trabajadora y, para ello, deberá contar con el permiso de ésta de tratarse de su domicilio o de una tercera persona física[105]. Ello no es óbice para considerar que, a tenor de lo dispuesto en el art. 16, y pese a las posibilidades comentadas, esta actuación sería secundaria, no prioritaria[106]. Y

---

que incluyó la exploración de los dispositivos electrónicos que allí se encontraban constituyó una violación del art. 8 CEDH causando una injerencia en su vida privada.

104 FERNÁNDEZ VILLAZÓN, L.A. (1997). "Vigilancia de la salud y derechos de la persona del trabajador. (Comentario al art. 22 de la Ley de Prevención de Riesgos Laborales)", *Civitas: Revista española de derecho del trabajo*, nº 82, pp. 221-248.

105 Sobre este aspecto, ALEGRE NUENO admite como posibilidad un consentimiento expreso y tácito de la persona trabajadora a distancia para permitir el acceso de los responsables de la gestión preventiva en su domicilio. Si bien concreta el autor, en ambos casos es necesario un requisito formal, "la información expresa y previa, que deberá incluir los términos y alcance de la actuación (la evaluación de riesgos laborales) para la que se recaba la autorización)". ALEGRE NUENO, M. (2021). *La prevención de riesgos laborales en el trabajo a distancia, ob.cit.*, p. 227.

106 Téngase en cuenta que la inviolabilidad del domicilio y el respeto de la intimidad personal o familiar del trabajador en un contexto de teletrabajo priman respecto al poder de dirección y control del empresario *ex* art. 20.3 ET, *Vid.* IGARTUA MIRÓ, M. T. (2000). Teletrabajo y prevención de riesgos laborales: Problemas y propuestas

que, pese a no obtener el permiso de acceso al domicilio, destaca la norma que este deber preventivo puede alcanzarse perfectamente por la primera vía, es decir, en la retroalimentación informativa de la persona trabajadora bajo las instrucciones del servicio de prevención[107].

A este respecto, la SAN 1132/2022 de 22 de marzo[108], declaró que "para que la necesidad de evaluar riesgos exija acceder al domicilio del teletrabajador, tiene que existir una razón concreta que lo justifique, razón que debe ser informada por escrito previamente tanto al trabajador como a los delegados de prevención. Incluso así cabe que el trabajador se niegue a esa entrada domiciliaria por lo que en tal caso no se llevaría a cabo, realizándose la evaluación conforme la información referida en el primer apartado del art. 16.2 LTD".

Por tanto, en caso de no concederse el permiso de la persona trabajadora o de la tercera persona física para permitir el acceso a la vivienda, la evaluación de riesgos se efectuará por medio de la información recabada por la persona trabajadora según las instrucciones del servicio de prevención.

---

de soluciones, en AA.VV. *Descentralización productiva y nuevas formas organizativas del trabajo: X Congreso Nacional de Derecho del Trabajo y de la Seguridad Social, Zaragoza, 28 y 29 de mayo de 1999*, p. 1060.

107 En este punto, MONTOYA MEDINA destaca que no se desprende de la Ley 10/2021 tanto una dispensa al deber que pesa sobre el empresario respecto de sus obligaciones, como el deber de colaboración atribuido a la persona Teletrabajadora. MONTOYA MEDINA, D. (2021). "Teletrabajo y prevención de riesgos laborales", *Revista Española de Derecho del Trabajo*, nº 243, p. 31.

108 En este procedimiento se analizó la conformidad de varias cláusulas del acuerdo sobre *home office* y trabajo a distancia suscrito entre las personas trabajadoras y la empresa Teleperformance. En concreto, sobre la entrada al domicilio en el acuerdo se incluyó la siguiente cláusula que fue declarada nula: "se dice en la cláusula 5.5 cuando las circunstancias así lo requieran, de conformidad con lo previsto en el artículo 16.2 de la Ley 10/2021, el Trabajador autoriza a entrar periódicamente a su domicilio al Servicio de Prevención de Riesgos de la Empresa para que pueda evaluar las condiciones de seguridad y salud del Home Office con un preaviso mínimo de 7 días". (JUR\2022\353499).

No supone una cuestión baladí infringir la inviolabilidad del domicilio de la persona trabajadora, ámbito constitucionalmente protegido en el art. 18.2 CE[109]. La inviolabilidad del domicilio y el respeto de la intimidad personal o familiar del trabajador en un contexto de teletrabajo priman respecto al poder de dirección y control del empresario *ex* art. 20.3 ET[110]. Por lo tanto, la necesaria autorización de la persona trabajadora para permitir el acceso de la persona encomendada por el empresario para llevar a cabo la evaluación de riesgos cobra vital importancia puesto que la autoevaluación por el trabajador podría quedar en balde[111].

3.2.2. De la autoevaluación de riesgos laborales realizada por la persona teletrabajadora

Una de las medidas más prácticas para evitar la aparición de este tipo de riesgos ha sido la utilización de cuestionarios o *check-lists.* Con anterioridad a la Ley 10/2021,

---

109 No obstante, la doctrina ha señalado que la negociación colectiva —erróneamente— ha ofrecido de forma puntual una respuesta: incluyendo cláusulas convencionales que reconocen el compromiso de la persona Teletrabajadora de aceptar la entrada al domicilio a fin de cumplir con la respectiva actividad preventiva. Una actuación que considera esta doctrina "difícilmente admisible que los agentes sociales puedan sustituir la voluntad individual del Teletrabajador limitando derechos fundamentales sensibles y personalísimos (…)". Por lo que, a su juicio, "estas disposiciones convencionales deben ser tenidas por no puestas salvarguardando, pues, el derecho del trabajador a no otorgar su consentimiento sin que por ello se le pueda deparar perjuicio alguno". MONTOYA MEDINA, D. (2021). "Teletrabajo y prevención de riesgos laborales", *ob.cit.*, p. 29.

110 IGARTUA MIRÓ, M. T. (2000) Teletrabajo y prevención de riesgos laborales: Problemas y propuestas de soluciones, *Descentralización productiva y nuevas formas organizativas del trabajo: X Congreso Nacional de Derecho del Trabajo y de la Seguridad Social, Zaragoza, 28 y 29 de mayo de 1999*, p. 1060.

111 MARTÍNEZ LÓPEZ, F. J. RUIZ FRUTOS, C. GARCÍA ORDAZ, M. (2008). "Teletrabajo: seguridad y salud sin importar la distancia", *Gestión Práctica de Riesgos Laborales*, nº 45, pág. 17.

el Real Decreto-Ley 8/2020, de 17 de marzo, por el que se dictaron las medidas urgentes extraordinarias para paliar los efectos económicos y sociales del COVID-19 determinó la preferencia del trabajo a distancia. El art. 5 de este cuerpo normativo previó una salvedad en cuanto a una evaluación completa de los riesgos. De hecho, determinó que con la finalidad de facilitar el ejercicio de esta modalidad en empresas, sectores o puestos de trabajo que no estuviera prevista hasta el momento se entenderá cumplida las obligaciones que impone la LPRL a través de una autoevaluación voluntaria de la persona trabajadora.

En cualquier caso, se debe aclarar que esta posibilidad solo estaba contemplada para puestos de teletrabajo con carácter temporal y extraordinario a raíz de la pandemia. Ya que, en caso de no atender a este criterio, se debería haber llevar a cabo una evaluación de riesgos en profundidad y con exactitud del puesto de trabajo.

Este tipo de cuestionarios se caracterizan por recoger las recomendaciones básicas sobre ergonomía, ubicación y distancia de uso de los dispositivos, ambiente de trabajo e iluminación. Sin embargo, no se encuentra identificado ningún riesgo psicosocial ni tampoco se ofrece ninguna recomendación alguna en cuanto al uso de las TIC. Por lo que se constata el hecho de que los riesgos psicosociales pasan desapercibidos en esta evaluación preventiva y excepcional[112].

Como se ha podido comprobar, en el ejercicio de la obligación empresarial de evaluación de los riesgos laborales de su plantilla se plantea una especial dificultad en el caso del teletrabajo. Ello trae como consecuencia directa un desajuste entre el cumplimiento meramente formal

112 Cuestionario de autoevaluación teletrabajo de Antea Prevención – Recuperado de http://www.anteaprevencion.com/documentos/coronavirus/TELETRABAJO%20AUTOEVALUACION.pdf. Cuestionario de autoevaluación teletrabajo de Cualitis Prevención – Recuperado de https://cualtis.com/resources/Teletrabajo/CUESTIONARIO_DE_EVALUACION_TELETRABAJO.pdf

y efectivo de los principios que emana la LPRL. Aunque ello no obsta, a que toda la responsabilidad en este tipo de situaciones recaiga únicamente sobre el empresario eximiendo de responsabilidad alguna a los empleados.

Desde la perspectiva de las personas trabajadoras[113], deben velar según sus posibilidades y mediante el cumplimiento de las medidas de prevención que en cada caso sean adoptadas, por su propia seguridad y salud en el trabajo y por la de aquellas otras personas a las que pueda afectar su actividad profesional, a causa de sus actos y omisiones en el trabajo, de conformidad con su formación y las instrucciones del empresario, *ex* art. 29 LPRL. En particular, usar adecuadamente atendiendo a la naturaleza de los dispositivos y consiente de los riegos que pueden entrañar las herramientas tecnológicas. Ello implica, *stricto sensu*, a utilizarlos correctamente conforme a su actividad normal y poner en conocimiento del empresario o al servicio de prevención cualquier situación que, a su juicio, entrañe por motivos razonables un riesgo para su seguridad y la salud.

No se debe olvidar que entre los deberes básicos que tienen las personas trabajadoras, el art. 5 b) ET identifica la observación de las medidas preventivas que se pudieran adoptar al respecto. Este flujo de información veraz y contrastada entre las personas trabajadoras con el empresario se basa en otro principio incuestionable consagrado en el art. 5 a) ET como es la observancia de la buena fe contractual.

Esta preocupación sobre las dificultades que se plantean en cuanto a la actividad preventiva del teletrabajo ya se ha puesto de manifiesto por la doctrina[114]. Por un lado,

---

113 FERNÁNDEZ MARCOS. LEODEGARIO. (2000). "Representación y participación especializada de los trabajadores en materia de prevención de riesgos laborales", *Revista Documentación Laboral*, nº 62, pp. 103-126.

114 SABADELL I BOSCH, M.M. y GARCÍA GONZÁLEZ, G. (2015). "La difícil conciliación de la obligación empresarial de evaluar los riesgos con el teletrabajo", *Oikonomics: Revista de economía, empresa y sociedad*, nº 4, pp. 41 y ss.

aunque pueda ser una tarea sin muchas complicaciones, la realidad es que la evaluación entraña muchos conceptos para tener en cuenta (iluminación, altura del respaldo y la silla, condiciones de la mesa de trabajo, ventilación de la zona) y que quizás la persona trabajadora no reúna la capacitación necesaria.

El propio Reglamento de los Servicios de Prevención determina en sus arts. 35 c), 36 b) y 37 b), determina los niveles de capacitación de carácter básico, intermedio y superior para gestionar este tipo de evaluaciones. De esta forma, la persona trabajadora que posea una formación que oscila entre 30 y 50 horas, podrá realizar evaluaciones elementales de riesgos y, en su caso, establecer medidas preventivas del mismo carácter compatibles con su grado de formación. Esta cuestión se deberá tomar en consideración la empresa en el proceso de reclutamiento o de aprobar el acuerdo de teletrabajo a una persona que se encuentre en plantilla.

Por otro lado, la propia definición de trabajo a distancia en el art. 2 de la Ley 10/2021 posibilita el desarrollo de la prestación laboral en el propio domicilio de la persona trabajadora o en el lugar elegido por esta. En consecuencia, se reconoce la permisividad ante la movilidad del teletrabajador siempre y cuando cuente con los medios adecuados que permitan la conexión del dispositivo digital[115].

No es una cuestión para extrañarse puesto que el nuevo concepto del trabajo ha evolucionado bastante rápido y a raíz de estos cambios han surgido nuevas plataformas

---

115 En este punto, DE LAS HERAS GARCÍA aclara que el trabajador no cuenta con una libertad absoluta de decisión respecto al lugar elegido para llevar a cabo el trabajo a distancia o teletrabajo, sino que más bien es "una libertad condicionada por el acuerdo en el que también interviene otra parte, el empresario". DE LAS HERAS GARCÍA, A. (2021). *Trabajo a distancia y teletrabajo. análisis crítico de normas y prácticas convencionales, ob., cit.*, p. 43. En el mismo sentido, AAVV. (2021). *Teletrabajo. Estudio jurídico desde la perspectiva de la seguridad y salud laboral, ob., cit.*, p. 146.

o espacios de colaboración que permiten mayor flexibilidad y estrechar contactos. Se está hablando de los espacios *coworking*[116], lugares en los que tanto autónomos, *freelances*, *startups* o *pymes* trabajan conjuntamente para compartir sus habilidades profesionales. En este tipo de supuestos, la evaluación de riesgos entraña importantes interrogantes puesto que se alteran por completo si no se toma en consideración esta posibilidad[117], pudiendo generar así una evaluación incompleta y difícilmente podría garantizarse la seguridad y salud del trabajador en los términos de la LPRL.

Y, por último, en la ardua tarea de delimitar los riesgos a evaluar, ambos autores[118] consideran que los mecanismos de autoevaluación o listas de chequeo se han limitado a integrar los riesgos derivados de pantallas de visualización. Es precisamente el teletrabajo el hecho que justifica la evaluación de los puestos de trabajo. Y de conformidad con el art. 4.2 a) y b) del Reglamento de los Servicios de prevención, la introducción de nuevas tecnologías, modificación en el acondicionamiento de los lugares de trabajo o el cambio en las condiciones de trabajo requieren una reevaluación preventiva.

---

116 Los espacios de coworking son una nueva figura de organización laboral. El significado de este nuevo concepto tiene la siguiente explicación. Supone la unión de dos palabras anglosajonas *work* (trabajar) y co (colaborative). Se caracterizan por la reunión de profesionales de distintas ramas en las que comparten objetivos, ayuda mutua, colaboraciones, entre otras. Además, de compartir el espacio físico de trabajo se comparten los gastos. Aunque, su efectiva implantación en la sociedad tuvo lugar en San Francisco. En el año 2005, BRAD NEUBERG creó el primer espacio de coworking. *Vid.* MAGRO SERVET, V. (2020). "El coworking y la reserva de actividad profesional", *Diario La Ley*, nº 9559, p. 2.

117 Sobre esta preocupación sobre la posible evaluación incompleta de los riesgos por la libertad de elección del espacio de trabajo por el trabajador en LAGO BURGOS, I. (2017). "El teletrabajo y la gestión en la Prevención de los riesgos laborales", *Gestión práctica de riesgos laborales: Integración y desarrollo de la gestión de la prevención*, nº 153, pp. 64-65.

118 SABADELL I BOSCH, M.M. y GARCÍA GONZÁLEZ, G. (2015). "La difícil conciliación de la obligación empresarial de evaluar los riesgos con el teletrabajo", *ob. cit.*, pp. 41 y ss.

Tal y como se avanzó en líneas anteriores, una persona teletrabajadora que no esté debidamente cualificada e informada puede llevar a cabo una evaluación incorrecta y meramente formal para cumplir con los preceptos preventivos de su puesto de trabajo puede conllevar como principal consecuencia despreocuparse de la correcta evaluación y gestión de los riesgos psicosociales —que serán estudiados a continuación— asociados al uso de las TIC[119].

Las nuevas formas de organización del trabajo y de gestión horaria de las tareas fruto de la conexión prolongada o hiperconexión generan situaciones de estrés tecnológico[120] y pueden ocasionar además el aislamiento de la persona teletrabajadora, la disponibilidad permanente a los requerimientos del empresario y la aparición de la fatiga informática por el uso desmesurado de los dispositivos electrónicos. Por tales motivos, se tratará de exponer a continuación qué herramientas existen para implementar y adoptar correctamente la modalidad del teletrabajo ante las incertidumbres planteadas.

---

119 MESSIA DE LA CERDA BALLESTEROS, F.J. (2000). "La prevención de riesgos laborales en el trabajo a distancia", *Descentralización productiva y nuevas formas organizativas del trabajo: X Congreso Nacional de Derecho del Trabajo y de la Seguridad Social, Zaragoza, 28 y 29 de mayo de 1999*, p. 1107.

120 *Vid.*, sobre la compatibilidad entre teletrabajo e interconectividad y el derecho al descanso y a la desconexión, SALVADOR ÁLVAREZ, N. y DOMINGO MONFORTE, J. (2020). "Hiperconectividad digital y salud laboral", *Diario La Ley*, nº 9645, p. 3.

4. La seguridad y salud laboral de las personas teletrabajadoras

La implantación del teletrabajo se ha llevado a cabo a un ritmo frenético por la situación sanitaria, quizás ya superada en estos momentos, y que supuso que no se pudieran poner en valor las dificultades que puede entrañar en la seguridad y la salud de las personas trabajadoras.

El bienestar de las personas trabajadoras a distancia y/o teletrabajadoras debe estar garantizado, máxime en una situación de pandemia en la que cumpliría una doble función. La primera, permitiría evitar los desplazamientos al trabajo, trayendo consigo, la posibilidad de disminuir el riesgo de contagio. La segunda, evitaría la paralización del sistema productivo de las empresas (en aquellos sectores en los que se permita su implantación) y, por consiguiente, generaría desafortunadamente un impacto negativo al mercado de trabajo.

Se está de acuerdo en que no ha sido el momento ideal para una "prueba piloto" del trabajo a distancia, pero las circunstancias actuales no dejan más margen de maniobra. No obstante, puede constituir el inicio de una nueva era en el ámbito de las relaciones laborales propiciada precisamente por la incorporación de las nuevas tecnologías, así como la antesala a la evaluación del trabajo del futuro y de las nuevas formas de organización de las empresas.

Efectivamente, el desarrollo continuo y diario de las nuevas tecnologías plantea riesgos y muchos de ellos ocultos en un primer momento. Sería un acto ingenuo intentar adelantarse y aventurarse a incorporar cualquier tipo de tecnología al ámbito del trabajo sin haber evaluado previamente las ventajas e inconvenientes de su uso diario[121].

---

121 En el Acuerdo Marco de Socios Sociales Europeos se deja patente que los desafíos como las oportunidades que se presentan por el

Es evidente que las tecnologías facilitan el desarrollo de prestación laboral y del funcionamiento de las empresas. Pero, para ello el ordenamiento jurídico debe contar con las herramientas necesarias para garantizar la protección oportuna. En este sentido, siempre y cuando las nuevas tecnologías no desequilibren la balanza del respeto de los derechos fundamentales de las personas trabajadoras, bienvenida sea su implementación laboral.

Concluyendo, potenciar nuevas alternativas a la presencialidad del trabajador por la invasión de las nuevas tecnologías en las relaciones de trabajo puede arrojar un balance positivo si se toman en consideración las circunstancias actuales. En cierto modo, porque no ha dado tiempo a normalizar la situación debido a que la crisis sanitaria que supuso la adopción de medidas inmediatas que pudieran salvar los puestos de trabajo. Aunque ello no obsta a que el legislador deba atender las nuevas vicisitudes que surgen en la sociedad para regular situaciones como las que se viven actualmente, que claman por una normativa específica y concreta sobre el teletrabajo.

Sin duda alguna, dentro de los desafíos que plantea esta alternativa nos encontramos la duración de la jornada y los periodos de descanso, una cuestión que guarda estrecha relación con la imprescindible separación de la dimensión laboral de la personal y familia, amenazada con desdibujarse constantemente.

Como continuación de esta reflexión, se tratará la evolución normativa de la prevención de riesgos laborales en su conjunto, cercando su tratamiento a la incidencia de los nuevos riesgos emergentes generados por la incidencia de

---

proceso de digitalización implican un mayor compromiso de los trabajadores. Este compromiso se ve reflejado en el uso de las tecnologías de forma responsable en la búsqueda de la innovación y la productividad de las empresas, en European social partners framework agreement on digitalisation, p. 8, recuperado de https://www.etuc.org/system/files/document/file2020-06/Final%2022%2006%2020_Agreement%20on%20Digitalisation%202020.pdf

la tecnología en el ámbito del trabajo. Una cuestión que cobra vital importancia por la experiencia sanitaria vivida y que ha reforzado la modalidad del trabajo a distancia, por lo que se pone el foco de atención en las dificultades que plantea esta modalidad.

4.1. MARCO JURÍDICO GENERAL SOBRE EL ACCIDENTE DE TRABAJO Y LA ENFERMEDAD PROFESIONAL

El marco jurídico de prevención de riesgos laborales pretende *ex* art. 2.1 LPRL "promover la seguridad y salud de las personas trabajadoras mediante la aplicación de medidas y el desarrollo de las actividades necesarias para la prevención de riesgos derivados del trabajo". En este sentido, el objetivo es ofrecer una respuesta de protección a las personas trabajadoras, pero ¿qué se entiende por riesgo laboral? A tenor de lo dispuesto en el art. 4.4 LPRL, un riesgo laboral es la "la posibilidad de que un trabajador sufra un determinado daño derivado del trabajo". Así mismo, puntualiza respecto a su gravedad, que deberá ser valorado "conjuntamente la probabilidad de que se produzca el daño y la severidad del mismo".

Y, de forma conjunta con el análisis de este concepto, se encuentra el término "daño derivado del trabajo", entendiéndose como aquellas "enfermedades, patologías o lesiones sufridas con motivo u ocasión del trabajo" *ex* art. 4.3 LPRL. En este sentido, la doctrina desde la doctrina se ha señalado que se trata de un término cuya interpretación es muy amplia que permite subsumir diferentes agresiones potenciales a la salud de las personas trabajadoras[122]. En definitiva, puede estarse de acuerdo en que un daño derivado del trabajo es "cualquier alteración física o psíquica

---

122 BLASCO MAYOR, A. (2001). "Daños derivados del trabajo", *Actualidad Laboral*, nº 8, pp. 178.

que sufra la persona trabajadora como consecuencia de la prestación de servicios[123]".

En este punto es preciso remitirse al ámbito de la seguridad por cuanto que, ateniendo a las características de este sistema, la acción protectora "se concreta en medidas que concede el sistema para prever, reparar o superar el estado de necesidad derivado de la aparición de la contingencia prevista[124]". Por consiguiente, será preciso remitirse a un marco jurídico concreto, el Real Decreto Legislativo 8/2015, de 30 de octubre, por el que se aprueba el texto refundido de la Ley General de la Seguridad Social (LGSS), a fin de dar respuesta a este tipo de situaciones.

Así, a tenor de lo dispuesto en el art. 156.1 LGSS, estos daños se producen como resultado a una acción en el ecosistema laboral, el accidente de trabajo, denominado como "toda lesión corporal que sufra el trabajador con ocasión o por consecuencia del trabajo que ejecute por cuenta ajena". A este respecto, la doctrina del TS ha señalado como accidente de trabajo "aquél en el que de alguna manera concurra una conexión con la ejecución de un trabajo, bastando con que el nexo causal, indispensable siempre en algún grado, se dé sin necesidad de precisar su significación, mayor o menor, próxima o remota, concausal o coadyuvante, debiendo otorgarse dicha calificación cuando aparezca acreditada la ruptura de la relación de causalidad entre actividad profesional y padecimiento, excepto cuando hayan ocurrido hechos de tal relieve que sea evidente a todas luces la absoluta carencia de aquella relación". Y, además, podría concretarse aún más, señalándose que comprendería no solo a los padecimientos ejercidos de forma súbita y violenta por un agente exterior en el cuerpo

---

123 GINÈS I FABRELLAS, A., LUQUE PARRA, M. Y PEÑA MONCHO, J. (2022). *Teletrabajo. Estudio jurídico desde la perspectiva de la seguridad y salud laboral*, Pamplona, Aranzadi, p. 116.

124 DE LAS HERAS GARCÍA, A. (2021). *Trabajo a distancia y teletrabajo. análisis crítico de normas y prácticas convencionales*, Madrid, Centro de Estudios Financieros, p. 189.

humano[125], sino que también a "las enfermedades o alteraciones de los procesos vitales que pueden surgir en el trabajo[126]".

En definitiva, y como ha señalado la doctrina, existen diferencias que permiten distinguir el análisis entre el accidente de trabajo y la enfermedad profesional. De este modo, "mientras que el accidente de trabajo es consecuencia de un acontecimiento súbito y repentino, la enfermedad es fruto de un acontecimiento progresivo y diferido, en mayor o menor grado, en el tiempo[127]". En suma, la enfermedad profesional se manifiesta o exterioriza en un concreto momento, por cuanto se ha desarrollado "de forma silente e "insidiosa por la exposición del trabajador a determinadas sustancias, elementos o condiciones de trabajo[128]" a lo largo del tiempo.

En estos momentos es preciso distinguir entre la enfermedad del trabajo y la enfermedad profesional. La enfermedad del trabajo, de acuerdo con el art. 156.2 e) LGSS, está integrada como un subtipo de accidente de trabajo, consideradas como aquellas "enfermedades, no incluidas en el apartado siguiente, que contraiga el trabajador con motivo de la realización de su trabajo, siempre que se pruebe que la enfermedad tuvo por causa exclusiva la ejecución del contrato". Mientras que, la enfermedad profesional, en virtud del art. 157 LGSS, será aquella "contraída a consecuencia del trabajo ejecutado por cuenta ajena en las actividades que se especifiquen en el cuadro que se apruebe por las disposiciones de aplicación y desarrollo de esta ley, y que esté provocada por la acción de los elementos o sustancias que en dicho cuadro se indiquen para cada enfermedad profesional".

---

125 Sentencia de 18 de junio de 1997 (RJ 1997\4762).

126 Sentencia de 18 de diciembre de 2013 (RJ 2013\8476),

127 ZAFRA MATA, D. (2016). "La calificación del accidente de trabajo por el Tribunal Supremo", *Revista del Ministerio de Empleo y Seguridad Social: Revista del Ministerio de Trabajo, Migraciones y Seguridad Social*, nº 124, p. 146.

128 Sentencia de 22 de noviembre de 2017 (RJ 2017\5398).

Las enfermedades profesionales a las que hace referencia el art. 157 LGSS se encuentran recogidas en el cuadro de enfermedades profesionales que ha sido aprobado por el Real Decreto 1299/2006, de 10 de noviembre, por el que se aprueba el cuadro de enfermedades profesionales en el sistema de la Seguridad Social y se establecen criterios para su notificación y registro. En suma, la doctrina del TS ha consolidado la presunción "*iuris et iure*" de las enfermedades profesionales incluidas en la clasificación de enfermedades profesionales del Anexo I. Esta presunción es importante porque significa que "a diferencia del accidente del de trabajo respecto del que es necesaria la prueba del nexo causal para la calificación de laboralidad, tal prueba no se exige el trabajador en ningún caso en las enfermedades profesionales listadas[129]".

Por otro lado, es preciso señalar que la presunción de laboralidad también se aplica *ex* art. 156.2 e) LGSS a las enfermedades profesionales. La STS 1213/1995 de 27 de diciembre determina que "para desvirtuar la presunción de laboralidad de la enfermedad de trabajo surgida en tiempo y lugar de prestación de servicios la jurisprudencia exige que la falta de relación entre la lesión padecida y el trabajo realizado se acredite de manera suficiente, bien porque se trate de enfermedad que por su propia naturaleza excluya la etiología laboral, bien porque se aduzcan hechos que desvirtúan dicho nexo causal".

De acuerdo con el razonamiento anterior, la doctrina del TS ha señalado que, en el caso de que el accidente o enfermedad del trabajo se produzcan en tiempo y lugar de trabajo, existe una presunción "*ius tamtum*[130]". Por lo tanto,

---

129 Sentencia de 19 de mayo de 1986 (RJ 1986\2578). Sentencia de 25 de septiembre de 1991 (RJ 1991\8653). Sentencia de 28 de enero de 1992 (RJ 1992\130). Sentencia de 4 de junio de 1992 (RJ 1992\4785). Sentencia de 21 de octubre de 1992 (RJ 1992\7663). Sentencia de 5 de noviembre de 1991 (RJ 1992\8783) Sentencia 25 de noviembre de 1992 (RJ 1992, 8835), Sentencia de 14 de febrero de 2006 (RJ 2006\2092). Sentencia de 20 diciembre 2007 (RJ 2008\1782).

130 Sentencia de 22 marzo 1985 (RJ 1985\1374).

a *sensu contrario*, cuando el accidente o enfermedad se materialice fuera del lugar y tiempo de trabajo, la carga de la prueba se traslada a la persona trabajadora a fin de demostrar la relación de causalidad con el trabajo.

Y, por otro lado, el TS también ha identificado otra teoría denominada "ocasionalidad relevante", que podría igualmente extenderse al ámbito del trabajo a distancia y al teletrabajo. La doctrina del TS diferencia entre una circunstancia positiva y otra negativa. En cuanto a la positiva, determina que "los elementos del accidente no son específicos o inherentes al trabajo" y, en cuanto a la negativa, que "o bien el trabajo o bien las actividades normales de la vida del trabajo hayan sido condición sin la que no se hubiese producido el evento".

De acuerdo con lo anterior, se está haciendo referencias a aquellos accidentes, por ejemplo, que se producen durante el tiempo de descanso en la jornada de la persona trabajadora cuando acude a tomar café, a su coche en el *parking*, cuando sufre un atropello[131].

Por consiguiente, y como ha expresado la doctrina[132], en el ámbito del teletrabajo esta cuestión, que, pese a su incuestionable aplicación, plantea dificultades en cuanto a la justificación de la presunción del tiempo de trabajo, y la del lugar de trabajo que se examina a continuación.

a) **En lugar de trabajo.**

Como se ha tenido ocasión de señalar, el art. 156.3 LGSS identifica uno de los requisitos para justificar la presunción de laboralidad del accidente o enfermedad de trabajo, que se produzca en lugar de trabajo.

---

131 Sentencia de 13 de octubre de 2020 (RJ 2020\4560).

132 SELMA PENALVA, A. (2016). "El accidente de trabajo en el teletrabajo. Situación actual y nuevas perspectivas", *Revista Temas Laborales*, nº 134, pp. 142-143. GINÈS I FABRELLAS, A., LUQUE PARRA, M. Y PEÑA MONCHO, J. (2022). *Teletrabajo. Estudio jurídico desde la perspectiva de la seguridad y salud laboral*, Pamplona, Aranzadi, p. 124.

El estudio que aquí se plantea está referido a la modalidad del teletrabajo, entonces, en virtud del art. 2. a) y b) de la Ley 10/2021, el teletrabajo como modalidad del trabajo a distancia, será aquél que se desarrolle en el domicilio de la persona trabajadora o en el lugar elegido por esta, mediante el uso exclusivo o preferente de sistemas informáticos. Por tanto, conforme a esta definición, la definición del espacio de trabajo es amplia por cuanto puede identificarse con distintas ubicaciones geográficas: domicilio privado, instalaciones físicas de la empresa, un espacio *coworking* o de trabajo colaborativo entre profesionales.

La problemática que se genera en esta presunción se concreta en situaciones en las que el accidente se produce en tiempo y lugar de trabajo, sin embargo, se materializa en un lugar distinto al que se ha especificado en el acuerdo de trabajo a distancia *ex* art. 7 f) de la Ley 10/2021. En este punto es interesante concretar si, cuando la persona trabajadora comunica un accidente de trabajo que se ha producido en un lugar distinto del acordado en el acuerdo de trabajo a distancia, debe mantenerse o no la presunción de laboralidad. Una parte de la doctrina se muestra partidaria de reconocer esta presunción para aquellos supuestos que se producen en lugar distinto *ex* art. 7f) de la Ley 10/2021; de acuerdo con la presunción *iuris tamtum*, será la persona trabajadora la que deberá probar el nexo causal[133]. Sin embargo, para otra parte de la doctrina, esta teoría plantea serios interrogantes por cuanto para una modalidad concreta (teletrabajo) existe una previsión *ex* lege de concreción del lugar de trabajo. Con lo cual, señalan que "parece oportuno identificar la vivienda exacta en la que el trabajador desarrollará su trabajo, con el fin de evitar que, una libertad total de desplazamiento impida aplicar correctamente las medidas preventivas[134]".

---

133 GINÈS I FABRELLAS, A., LUQUE PARRA, M. Y PEÑA MONCHO, J. (2022). *Teletrabajo. Estudio jurídico desde la perspectiva de la seguridad y salud laboral*, Pamplona, Aranzadi, p. 125.

134 SIERRA BENÍTEZ, E. M. (2011). *El contenido de la relación laboral en el teletrabajo*, en *Consejo Económico y Social de Andalucía*, p. 273. SELMA

En conclusión, esta opción parece más razonable y justa puesto que, de reconocerse una liberta de desplazamiento y asentamiento a las personas trabajadoras, no se cumpliría el sentido finalista de la LPRL y, en adicción, se generarían no pocas controversias por abuso de confianza y fraude de ley al respecto[135].

Por otro lado, otra situación problemática es cuando el accidente se materializa en un lugar o espacio distinto al reservado para desempeñar la actividad laboral. Esta cuestión es sumamente relevante por cuanto, a tenor del art. 16.1 de la Ley 10/2021, el proceso o diseño de la evaluación de riesgos está focalizada al lugar o espacio concreto en el que la persona trabajadora desempeñará sus funciones en modalidad de teletrabajo, excluyéndose del plan de prevención el resto de las zonas de la vivienda o de las instalaciones.

La jurisprudencia ha aportado, recientemente, un criterio al respecto despejando estas dudas razonables que se producen en la práctica. En primer lugar, *ratione temporis*, la SJS de Extremadura 273/2022, de 26 de octubre analiza la calificación como accidente laboral la caída de una empleada en su casa mientras teletrabajaba. Respecto a los hechos probados, la persona trabajadora se tropezó y cayó al suelo al salir del cuarto de baño de su domicilio para volver a reanudar su actividad laboral.

Para este JS no existe ninguna duda que, dicha circunstancia, podría haberse producido de igual manera en "una fábrica, oficina o tienda"; de hecho, manifiesta que la visita al aseo fue para atender una inevitable necesidad fisiológica. Por tanto, el JS concluyó que, a diferencia del criterio de la Mutua basado en la concreción normativa de protec-

---

PENALVA, A. (2016). "El accidente de trabajo en el teletrabajo. Situación actual y nuevas perspectivas", *Revista Temas Laborales*, nº 134, pp. 147.

135 POQUET CATALÁ, R. (2017). "Accidente de trabajo in itinere en el teletrabajo: su difícil conjunción", *Revista Internacional y Comparada de Relaciones Laborales y Derecho del Empleo*, vol. 5, nº 4, p. 54.

ción del “lugar de trabajo” sin extenderse a ningún otra parte, no se trataba de mejorar la condición de quien teletrabaja, más bien lo contrario, evitar su desprotección ante este tipo de sucesos.

En segundo lugar, la STSJ de Madrid 980/2022 de 11 de noviembre, la persona trabajadora y la empresa acordaron por escrito el acuerdo de teletrabajo; además, la persona trabajadora realizó el curso de formación online sobre PRL y organización del trabajo para desempeñar correctamente sus funciones. En cuanto a la controversia, la persona trabajadora acudió a la cocina y en un infortunio con la botella de agua, resbaló y sufrió lesiones en la mano izquierda; a esta contingencia, el INSS declaró que derivaba de accidente no laboral.

El TSJ de Madrid analiza la doctrina del TS respecto a la valoración de la ruptura o no del nexo de causalidad. Por ejemplo, en la STS 2491/2020 se reconoce que el periodo de descanso debe disfrutarse a efectos de “recuperarse de la fatiga y reanudarla en mejores condiciones físicas (...) se realza así el carácter de seguridad y salud laboral asociado al mismo”. Este tiempo, caracterizado por su breve duración, es un tiempo vinculado al contenido del contrato puesto que permite efectuar una reanudación inmediata de la actividad.

En conclusión, para este tribunal existe y se mantiene el nexo de causalidad por varios motivos. En primer lugar, porque el art. 156.1 LGSS califica el accidente de trabajo “de manera estricta (por consecuencia) y de forma más amplia (con ocasión). Tomando en consideración esta última, critica la interpretación de instancia como “mecanicista y estricta” sobre el concepto de lugar de trabajo con un arraigado contenido coyuntural y tradicional (mesa, silla, ordenador en el domicilio). Sin embargo, por una lógica interpretativa existen situaciones que son perfectamente trasladables de la sede empresarial al domicilio particular como es el caso que nos ocupa; acudir al servicio, desplazarse para servirse “una bebida y/o producto alimenticio”. Y, en segundo lugar, a tenor de los hechos, el accidente tuvo lugar en tiempo y lugar de trabajo, sin producirse en un ámbito ajeno como en una actividad normal, acudiendo a la cafetería o al *parking*. Por consiguiente, existen motivos suficientes para reconocer este hecho como accidente de trabajo por cuanto "su sitio de trabajo no es pues un compartimiento estanco y aislado de todo lo que le rodea".

Por tanto, y en referencia al teletrabajo como modalidad del trabajo a distancia, la doctrina se inclina por la introducción de un seguro por las compañías aseguradoras para la protección de "los denominados riesgos domésticos" y se propone su inclusión en el convenio colectivo; fijando su marco jurídico, el pagador de la prima y las coberturas, entre otros[136].

b) **En tiempo de trabajo.**

Y, en segundo lugar, el art. 156.3 LGSS también señala como requisito para justificar la presunción de laboralidad, que el accidente o enfermedad se produzcan en tiempo de trabajo. Al igual que en el caso anterior, en virtud del art. 7. c) de la Ley 10/2021 el horario de trabajo y, en su caso, las reglas de disponibilidad se encuentran recogidas como contenido mínimo obligatorio del acuerdo de trabajo a distancia.

En suma, no debe olvidarse que esta obligación viene recogida en el art. 34.9 ET, fijando una obligación para el empresario de registro diario de jornada (horario de inicio y finalización de cada jornada). Y esta previsión ha sido incorporada específicamente en la Ley 10/2021 en el art. 14. En este punto es preciso señalar que el art. 13 reconoce el derecho al horario flexible; concretado en el acuerdo de trabajo a distancia con estricta observancia de los tiempos de disponibilidad obligatoria y normativa sobre tiempo de trabajo y descanso.

---

136 DE LAS HERAS GARCÍA, A. (2021). *Trabajo a distancia y teletrabajo. análisis crítico de normas y prácticas convencionales,* Madrid, Centro de Estudios Financieros, p. 193.

El binomio jurídico-laboral conformado por los conceptos de tiempo de trabajo y tiempo de descanso ha sido objeto de discusión tanto por la doctrina laboralista como por la jurisprudencia nacional y comunitaria[137]. Este debate, en definitiva, ha estado orientado a ofrecer una respuesta a la extralimitación de los periodos máximos de la jornada de trabajo que inciden directamente en el disfrute del derecho al descanso de las personas trabajadoras y que, a su vez, habilita al disfrute de otros derechos fundamentales íntimamente conectados como la conciliación de la vida personal y familiar y el derecho a la salud. Y con mayor justificación en el contexto de digitalización en el que nos encontramos inmersos fruto de la irrupción e implantación de la industria 4.0 que ha moldeado el sistema de relaciones laborales a las nuevas formas de organización y gestión de la prestación laboral.

Por tanto, es evidente que el empresario debe dar cumplimiento a esta obligación legal y adoptar los mecanismos oportunos para implantar un registro horario acorde con el trabajo a distancia o teletrabajo. De este modo, la deslocalización de la prestación laboral no le exime de sus responsabilidades preventivas a este respecto.

Nuevamente, en este caso la presunción "tiempo de trabajo" plantea serios interrogantes para la modalidad de teletrabajo, especialmente, cuando existe un régimen de flexibilidad *ex* art. 13 de la Ley 10/2021. Sobre esta circunstancia, una parte de la doctrina considera que esta presunción de laboralidad, pese a la flexibilidad, debería aplicarse por cuanto la persona trabajadora se encuentra en periodo de tiempo de trabajo; precisando que debería ser la persona trabajadora quien acreditase que se encontraba en

---

137 *Vid.*, al respecto, STJUE de 10 de septiembre de 2015, asunto *Tyco*, STJUE de 7 de septiembre de 2016, asunto *Commission versus United Kingdom*, STJUE de 21 de febrero de 2018, asunto *Ville de Nivelles*, STJUE de 28 de octubre de 2021, asunto *BX versus Unitatea Administrativ Teritorial*⊠, STJUE de 9 de marzo de 2021 (C-580/19 y C-344/19) y STJUE de 11 de noviembre de 2021 (C-214/20).

tiempo de trabajo al momento de sufrir tal lesión[138]. Por el contrario, otra parte de la doctrina considera que la persona trabajadora debería ser la que acreditase la relación de causalidad entre el accidente y el trabajo, ya que en caso de duda se resuelve a su favor en virtud del principio "*pro operario*"[139].

Sobre esta cuestión, el debate es sumamente interesante, puesto que de acuerdo con la STSJ de Cataluña 6963/2021, "el hecho de no cumplir por el empresario su obligación de registro horario supone, conforme a las reglas de la carga de la prueba (art. 217.7 LEC), la existencia de una presunción a favor de la persona trabajadora, considerándose suficiente que se aporte un indicio de prueba de la realización de las horas extraordinarias". En suma, la SAN 232/2019 indica que el registro de jornada es una herramienta útil, entre otras, para dar "cumplimiento por parte del empresario de las obligaciones establecidas en materia de prevención de riesgos laborales relativas a la ordenación del tiempo de trabajo, en garantía de la seguridad y salud de las personas trabajadoras (art. 4 d) ET)".

Por tanto, será el empresario el que deberá desvirtuar esta presunción en su contra y, la persona trabajadora, podrá valerse de cualquier medio de prueba reconocido en derecho. Esta actuación será a afectos de una doble finalidad consecutiva; la calificación de tiempo de trabajo y, por

---

138 GINÈS I FABRELLAS, A., LUQUE PARRA, M. Y PEÑA MONCHO, J. (2022). *Teletrabajo. Estudio jurídico desde la perspectiva de la seguridad y salud laboral*, Pamplona, Aranzadi, p. 128. A este respecto hay quienes plantean que sería recomendable que la persona trabajadora "comunique la incidencia lo más rápido y fiable posible a la empresa y a los órganos correspondientes de la Seguridad Social". *Vid.* MELLA MÉNDEZ, L. (2021). "Valoración crítica del RD-Ley 28/2020, en especial sobre la protección de la salud en el trabajo a distancia", p. 200, en RODRÍGUEZ-PIÑERO ROYO, M. TODOLÍ SIGNES, A. *Trabajo a distancia y Teletrabajo: análisis del marco normativo vigente*, Pamplona, Aranzadi.

139 SIERRA BENÍTEZ, E.M. (2021). La retribución, suspensión y extinción en el teletrabajo, en VILLALBA SÁNCHEZ, A. MELLA MÉNDEZ, L. *ob.cit.*, p. 227.

ende, de la presunción de laboralidad del accidente ocurrido en tiempo y lugar de trabajo[140].

No obstante, se estima conveniente determinar correctamente en el acuerdo de trabajo a distancia el horario de trabajo y los tiempos de disponibilidad a efectos de evitar posibles desencuentros en esta materia. Coetáneamente, la elección de un correcto y óptimo sistema de registro de jornada permitiría acreditar, en caso de duda, esta presunción de tiempo de trabajo.

En estos momentos, resulta interesante para este estudio señalar algunos pronunciamientos que se han dictado recientemente sobre esta cuestión. En primer lugar, la STSJ de País Vasco 2053/2020, examinó si el infarto que sufrió la persona trabajadora durante la jornada de trabajo debe calificarse como accidente de trabajo. Concretando aún más, y de acuerdo con los hechos probados, la persona trabajadora realizaba funciones de comercial iniciando su jornada a las 08:00 horas y tenía antecedentes relacionados con la lesión producida, un infarto agudo de miocardio por el cual falleció. El fallecimiento de la persona trabajadora tuvo lugar el día 4 de enero de 2019 sobre las 08:30 horas tras sufrir un infarto de miocardio cuando estaba en su domicilio, ya que parte de su trabajo lo realizaba en este lugar al no disponer de oficina física.

---

140 Por ejemplo, en el caso de una persona teletrabajadora que sufrió un ictus. Sobre esta circunstancia la sentencia del Juzgado de lo Social núm. 3 de Girona de 12 de noviembre concluyó que “ni el ictus sufrido es una patología que, por su propia naturaleza, excluye la etiología laboral (establece la STS de 20/10/2009 que las lesiones cardíacas no son extrañas a las causas de carácter laboral, y no se aporta dictamen médico alguno por parte de las demandantes que rebata dicho extremo), a la vez que la prueba practicada no resulta de entidad suficiente para destruir la aludida presunción, pues no permite excluir de forma clara y determinante que el desempeño del trabajo fuese un factor desencadenante del proceso lesivo o, cuanto menos, un factor coadyuvante, y, por ende, suficiente para su producción. No se ha probado, en definitiva, que el ictus que padeció la actora nada tuvo que ver con el trabajo por ella realizado, lo que conduce a la estimación de la demanda”. (AS 2021\691).

En primera instancia, el JS desestimó la petición efectuada frente al INSS, TGSS, y las Mutuas de calificar la contingencia sufrida como accidente de trabajo. Por el contrario, para el TSJ se está, claramente, ante un "hecho súbito que se desencadena en tiempo y lugar de trabajo", recordemos, beneficiado de la presunción *iuris tantum ex* art. 156.3 LGSS; y esta circunstancia no ha sido desvirtuada por la Mutua.

Por un lado, se justifica la presunción de lugar de trabajo por cuanto realizaba la prestación laboral en su domicilio particular. Por otro lado, el TSJ reconoce que, pese a que la actividad no fuera calificada como "preponderante" a efectos del antiguo art. 13 ET, consta acreditado que buena parte de sus funciones se efectuaban en esta localización personal; razón por la cual se justifica la presunción del lugar y tiempo de trabajo. Y, finalmente, rechaza frontalmente que los antecedentes cardiacos no son motivo suficiente para "destruir la presunción" y, por ende, la "calificación de accidente de trabajo, pues la crisis se ha desencadenado en tiempo y lugar de trabajo, sin que se pueda excluir la intervención del trabajo como factor desencadenante de la misma[141]".

Por tales motivos, calificó la contingencia, el infarto de miocardio que desencadenó en la muerte de la persona de trabajadora, como accidente de trabajo a tenor de los argumentos expuestos

En segundo lugar, la STSJ de Aragón 875/2022 de 18 de enero analiza también un supuesto sobre calificación de infarto durante tiempo de trabajo como accidente de trabajo.

La persona trabajadora desempeñaba funciones como profesora de centro escolar y debido a la irrupción del COVID-19 la organización del trabajo se desarrollaba eminen-

141 En este sentido, el TSJ analiza la doctrina del TS en materia de accidente cardiaco-cerebrales: STS 644/2015 de 8 de marzo de 2016, STS 1810/2008, de 20 de octubre, STS 853/2006 de 27 de septiembre de 2007, STS 4123/2015, de 25 de abril de 2018.

temente por vía online o a distancia a través del teletrabajo. No existía un horario fijo, por el contrario, la jornada de trabajo era flexible a fin de que la persona trabajadora pudiera adaptarse correctamente en su desempeño profesional y familiar.

El día 4 de junio de 2020 la persona trabajadora debía conectarse a una reunión fijada para las 12:00; previamente se comunicó con un compañero al que le hizo saber sus dolores de brazo y espalda. Durante la reunión, precisamente, este compañero se percató de que la persona trabajadora no se encontraba en buenas condiciones de salud pese a que no surgió ningún incidente al respecto. Una vez finalizada la reunión a las 14:05, sobre las 14:43 un familiar tuvo que realizar una llamada al 112 por encontrarse indispuesta. Debe precisarse que, durante las 24 horas previas al suceso, la persona trabajadora padeció "tres episodios de dolor torácico opresivo no irradiado de menor intensidad" que achacó a su artritis reumatoide.

El procedimiento se inició en primera instancia por la demanda presentada por la persona trabajadora a fin de ver reconocida de "etiología común la incapacidad temporal" el infarto sufrido. En primera instancia, el JS de Huesca estimó la demanda presentada frente al INSS, la TGSS, la empresa y la Mutua, sobre la clasificación de incapacidad temporal como consecuencia del accidente de trabajo acaecido.

Por tanto, el nudo gordiano de la cuestión se orientó a determinar si la calificación de la contingencia sufrida se produjo o no en tiempo y lugar de trabajo. Así, el TSJ consideró que la presunción de laboralidad *ex* art. 156.3 LGSS en supuestos de infarto cardiaco se aplica con independencia de que la persona trabajadora manifieste "indicios o síntomas previos del infarto acaecido durante la jornada laboral, o a continuación de la misma". Y, reiterando el criterio seguido por el TS sobre este tipo de supuesto y por la sentencia de instancia, todo ello pese a que la persona trabajadora "venga padeciendo con anterioridad una dolencia sujeta a tratamiento médico".

Por tanto, a tenor de los datos aportados, la dolencia se manifestó a lo largo de la jornada laboral desencadenando en el infarto que tuvo lugar minutos después de acabar la reunión, es decir, durante la jornada laboral y, por tanto, en tiempo y lugar de trabajo (teletrabajo); no apreciándose ruptura del nexo causal.

Como conclusión a este apartado, se comparte positivamente el sentido que han aplicado las sentencias examinadas anteriormente por cuanto se ha llevado a cabo una interpretación de la legislación y un concienzudo análisis sobre las presunciones del accidente de trabajo respecto a la casuística de las lesiones producidas en el domicilio. Estas circunstancias permiten augurar, como ha destacado la doctrina[142], una continuidad en las reclamaciones judiciales que provocará, en su caso, "la intervención unificadora del TS" ante la inexistencia de una norma específica que resuelva esta compleja situación, "cómo y cuándo cabe entender que se ha producido un accidente de trabajo en el marco del teletrabajo".

4.2. EL ACCIDENTE DE TRABAJO *IN ITINERE*

El art. 156.2 a) LGSS incluye entre la calificación de accidente de trabajo aquellos que sufran las personas trabajadoras "al ir o al volver del lugar de trabajo", comúnmente denominado, accidente *in itinere*.

Este concepto, como ha indicado la doctrina, constituye una de "las figuras de más imprecisos contornos dentro del Derecho de la Seguridad Social[143]". En definitiva, porque el

---

142 GALA DURÁN, C. (2021). "Teletrabajo. La compleja relación entre teletrabajo y accidente de trabajo (comentario a la sentencia del Juzgado de lo Social n.° 3 de Girona de 12 de noviembre de 2020, proc. 524/2020). Accidente laboral", *La administración práctica: enciclopedia de administración municipal*, n° 7, p. 174.

143 SEMPERE NAVARRO, A.V. LUJÁN ALCARAZ, J. (1996). "Accidente de trabajo in itinere. (Comentario a la STSJ Castilla-La Mancha 11 julio 1996)", *Revista Doctrinal Aranzadi Social*, n° 6, p. 1.

accidente *in itinere* no deriva directamente de la ejecución por las personas trabajadoras de la prestación laboral sino como consecuencia del desplazamiento efectuado para cumplir la prestación; siendo calificado como "accidente laboral impropio[144]".

Y, además, para analizar el accidente *in itinere* no se toma en consideración la presunción *iuris tamtum ex* art. 156.3 LGSS, por lo que deberá ser la persona trabajadora o sus causahabientes respecto a las lesiones que sufra durante el trayecto de ida o vuelta[145].

Por tanto, el accidente *in itinere* es un concepto elaborado jurisprudencialmente y se configura a partir de dos conceptos, lugar de trabajo y domicilio de la persona trabajadora) y su conexión a través del trayecto[146]. De hecho, ha sido precisamente el TS quien ha identificado que para calificar un accidente *in itinere* es necesario que se cumplan los cuatro elementos que configuran su estructura básica[147]:

- El elemento teleológico: se concreta en la finalidad del viaje, es decir, que tenga vinculación por el trabajo[148].

---

144 SEMPERE NAVARRO, A. (1999). "Una reflexión crítica sobre el accidente in itinere", *Revista Doctrinal Aranzadi Social,* nº 6, p. 2.

145 No obstante, un sector doctrinal reconoce que "si la enfermedad o dolencia se manifiesta en estas circunstancias y se acredita la causa-efecto, sí podría apreciarse la relación de laboralidad". *Vid.* VICENTE ANDRÉS, R. (2021*). Accidentes de trabajo. "Aspectos procesales",* Madrid, Wolters Kluwer, p. 192.

146 Aquí es preciso señalar que, para el TS, ""lo esencial no es salir del domicilio o volver al domicilio, aunque esto sea lo más corriente y ordinario, lo esencial es ir al lugar del trabajo o volver del lugar del trabajo". Recurso de casación para unificación de la doctrina núm. (RJ 1997\6851).

147 Recurso de casación para unificación de la doctrina núm. (RJ 2005 \2534).

148 Pese a que la interrupción fue autorizada por la empresa, "ninguna relación tenía con el trabajo ni aconteció en el trayecto habitual de ida y vuelta entre el domicilio y el lugar de trabajo pues se debió a un motivo de interés particular que rompió el nexo causal con esa ida o vuelta, sin que la autorización empresarial para realizarlo implique otra cosa, como sostiene la sentencia impugnada, que

- El elemento geográfico: debe producirse, concretamente, en el trayecto habitual y corriente que la persona trabajadora recorre desde el domicilio al lugar de trabajo o viceversa
- El elemento cronológico: se estima que el accidente debe producirse en el "tiempo prudencial que normalmente se invierte" en este trayecto (del domicilio al lugar de trabajo y viceversa)[149].
- El elemento de idoneidad del medio: se refiere al medio de transporte utilizado y que sea idóneo para el desplazamiento[150].

Y, ahora sí, reorientando la cuestión a la modalidad que nos ocupa, esta cuestión adolece de un interés suma-

---

la imposibilidad de cualquier sanción posterior por abandono del puesto de trabajo". Recurso de casación para la unificación de la doctrina núm. 210/2006. (RJ 2007\3530). Quienes sostienen que "lo verdaderamente importante es que el viaje no pierda su justificación profesional y sea ajeno a motivos privados o extralaborales"., CAVAS MARTÍNEZ, F. (1998). "Accidente de trabajo in itinere y delimitación teleológico-espacial del *iter laboris.* (STSJ Canarias – Santa Cruz de Tenerife, 23 enero 1998)", *Revista Doctrinal Aranzadi Social,* nº 1, p. 6.

149 Por ejemplo, en la STS 409/2018 estima que la compra por menos de 1 hora no rompe el elemento cronológico, por cuanto se acreditó que la actuación de la persona trabajadora fue conforme a "patrones usuales de comportamiento y a criterios de normalidad de conducta". *Vid.* Recurso de casación para la unificación de doctrina núm. 1777/2016 (RJ 2018\1675). Recurso de casación (RJ 1984\3054). Recurso de casación para la unificación de doctrina núm. 923/1997 (RJ 1997\9484). Recurso de casación para la unificación de doctrina núm. 828/2015 (RJ 2017\1116).

150 Por ejemplo, en esta interpretación acorde con la realidad social, se admite cuando se utiliza el patinete. En este punto la doctrina ha señalado que mientras que "concurran el resto de las condiciones o circunstancias que compendian los requisitos específicos de todo accidente laboral *in itinere*: el teleológico, el topográfico y el cronológico temporal, han de entenderse que la exigencia modal o mecánica, por el empleo de estos nuevos instrumentos, no se verá incumplida". HIERRO HIERRO, J. J. (2015). "Accidente de trabajo in itinere y medio de transporte utilizado", *Revista Española de Derecho del Trabajo,* nº. 173, p. 5.

mente notable por cuando a su alrededor se suscita una inseguridad jurídica. La doctrina laboralista se ha detenido a analizar si es posible aplicar por analogía al trabajador presencial la calificación de accidente *in itinere* a aquellos que sufra el teletrabajador; tomando en consideración los elementos que integran su estructura.

Una primera doctrina considera que el accidente *in itinere* sufrido por la persona trabajadora debe ser reconocido en supuestos como los sufridos en el trayecto de ida o vuelta del domicilio o lugar elegido al centro de trabajo, por ejemplo, para asistir a reuniones, sesiones de formación, recogida de información, dejar a los hijos o hijas al colegio cuando el retorno es para iniciar la jornada laboral (supuestos en los que se está de acuerdo)[151]. Sin embargo, y en desacuerdo, reconocen bajo el paraguas protector del *accidente in itinere* cuando la persona trabajadora sufre una lesión en el trayecto de ida o vuelta del domicilio a un lugar que no coincide con el reflejado en el acuerdo de teletrabajo[152]. Bien es cierto que, en este último supuesto, reconocen que deberá ser la persona trabajadora quien deberá probar que el desplazamiento estaba justificado por la prestación de servicios. Y, en suma, no realizan una distinción

[151] *Cfr.*, Recurso de casación para unificación de doctrina núm. 4031/2004 (RJ 2005\7331) Recurso de casación para unificación de doctrina núm. 236543/2003 (RJ 2005\2534). Recurso de casación para unificación de doctrina núm. 3493/1999 (RJ 2001\2826). Recurso de casación para unificación de doctrina núm. 923/1997 (RJ 1997\9484). Recurso de casación para unificación de doctrina núm. 1847/2012 (RJ 2013\3839). Recurso de casación para unificación de doctrina núm. 3816/2008 (RJ 2010\2108). Recurso de casación para unificación de doctrina núm. 210/2006 (RJ 2007\3530).

[152] GINÈS I FABRELLAS, A., LUQUE PARRA, M. Y PEÑA MONCHO, J. (2022). *Teletrabajo. Estudio jurídico desde la perspectiva de la seguridad y salud laboral*, Pamplona, Aranzadi, p. 129 y ss. MELLA MENDEZ, L., "Valoración crítica del RD-Ley 28/2020, en especial sobre la protección de la salud en el trabajo a distancia", p. 132, en RODRÍGUEZ-PIÑERO ROYO, M. TOLODÍ SIGNES, A. Trabajo a distancia y Teletrabajo: análisis del marco normativo vigente, Aranzadi, Pamplona, 2021.

en el ámbito de aplicación entre teletrabajadores con un lugar de prestación fijo y aquellos móviles o itinerantes[153].

Una segunda doctrina, con la que se está totalmente de acuerdo, apoya su argumentación en la STS 26 de diciembre de 2013[154], que efectúa una interpretación amplia del concepto de domicilio[155]. Así, partiendo de los criterios estudiados que integran la calificación de accidente *in itinere*, en el caso del teletrabajo podrá aceptarse su calificación cuando la persona trabajadora se desplace entre la residencia familiar y el domicilio laboral identificado en el acuerdo de teletrabajo[156]. Mayores reticencias muestran a

---

153 *Cfr.* SELMA PENALVA, A. (2023). "El accidente de trabajo en el teletrabajo", *Cielo Laboral*, p. 3.

154 El Ponente de la sentencia, el ilustre laboralista DESDENTADO BONETE, dejó atrás la interpretación efectuada sobre el domicilio por la STS 29 de septiembre de 1997 (RJ 1997\6851). En este sentido, dispone que de acuerdo con el art. 40 CC, existe un "*animus manendi*" de continuidad en la residencia familiar pese a tener que trasladarse a otro domicilio por razones laborales; volviendo a aquella cuando la relación laboral lo permite. Por otro lado, a tenor del art. 3 CC, las relaciones laborales están experimentando un cambio en "las formas de organización del trabajo" que implican una movilidad de las personas trabajadoras. Y, que, de acuerdo con la intención del legislador, "habrá que reconocer que en supuestos como el presente a efectos del punto de partida o retorno del lugar de trabajo puede jugar, según las circunstancias del caso, tanto el domicilio del trabajador en sentido estricto, como la residencia habitual a efectos de trabajo". Recurso de casación para unificación de doctrina núm. 2315/2012 (RJ 2014\371).

155 SELMA PENALVA, A. (2016). "El accidente de trabajo en el teletrabajo. Situación actual y nuevas perspectivas", *Revista Temas Laborales*, nº 134, pp. 142-143. POQUET CATALÁ, R. (2017). "Accidente de trabajo in itinere en el teletrabajo: su difícil conjunción", *Revista Internacional y Comparada de Relaciones Laborales y Derecho del Empleo*, vol. 5, nº 4, p. 51-53.

156 A este respecto interesa poner de relieve el criterio sentado por la STS 1420/2010 al señalar que "lo decisivo es, por un lado, que, a los efectos que aquí interesan, debemos entender por domicilio el lugar cerrado en el que el trabajador desarrolla habitualmente las actividades más características de su vida familiar, personal, privada e íntima ("morada fija y permanente", en la primera acepción del DRAE), es decir, lo que comúnmente denominamos "vivienda" ("lugar cerrado y cubierto construido para ser habita-

la calificación de accidente *in itinere* para aquellos teletrabajadores móviles con libertad de movimiento por cuanto consideran que, por razones lógicas a fin de alcanzar seguridad jurídica, debería ser descartada.

Por tanto, en este tipo de supuestos se estima conveniente, en base a un criterio lógico, que se opte por la concreción de la ubicación geográfica de la prestación de servicios en modalidad de teletrabajo. A este respecto, el sentido finalista de la evaluación de riesgos podría decaer en este sentido ante la incertidumbre suscitada por la libertad de movimientos y, porque, además, el empresario no debe asumir toda la responsabilidad del riesgo en las diferentes casuísticas de accidente[157]; cuestión que ha sido criticada abiertamente por la doctrina laboralista planteando su exclusión del régimen de la contingencia profesional[158]. En suma, dejar en manos de las personas trabajadoras la acreditación de las causas que justifican y mantienen el nexo causal supone una actividad arriesgada y que, dada la casuística, sería una opción sumamente problemática a efectos de su reconocimiento en sede judicial[159].

---

do por personas", también en la primera acepción del DRAE)". Recurso de casación para la unificación de doctrina 1420/2010 (RJ 2011\2736).

157 Esta opción ha sido planteada por CUADROS GARRIDO quien plantea que "poco a nada puede hacer" el empresario a efectos preventivos en este terreno del accidente in itinere. Entre otras razones, porque una dificultad obvia es que el cumplimiento de la obligación preventiva quedaría en entredicho por cuanto se le imputa un riesgo ante determinados fenómeno o factores externos. CUADROS GARRIDO, M.E. (2022). *Ocasionalidad y presunción en el accidente de trabajo,* Pamplona, Aranzadi, p. 70.

158 SEMPERE NAVARRO, A. (1999). Una reflexión crítica sobre el accidente in itinere", *ob.cit.,* nº 6, p. 8.

159 Sobre esta cuestión, SÁNCHEZ PÉREZ propone una redacción a modo de *lege ferenda* sobre el deseado contenido del articulado sobre el accidente in itinere para superar la indefinición y alta litigiosidad que gira en torno a este concepto. *Vid.* SÁNCHEZ PÉREZ, J. (2014). "La reformulación del accidente de trabajo in itinere a tenor de la doctrina incluida en la sentencia del Tribunal Supremo de 26 de diciembre de 2013", *Revista de Información Laboral,* nº 3, pp. 13-14.

4.3. EL ACCIDENTE EN MISIÓN

Por otro lado, el accidente en misión se encuentra en semejanza al accidente *in itinere* en que ha sido un concepto moldeado y configurado jurisprudencialmente. Esta circunstancia ha intentado superarse por la doctrina iuslaboralista identificando a este tipo de accidente como aquel que se materializa cuando el trabajador abandona su lugar de prestación de servicios para acudir a otro lugar diferente del habitual para cumplir un encargo de la empresa[160].

De tal modo que, como ha tenido ocasión de señalarse, el accidente en misión a diferencia del accidente in itinere sí goza de la calificación de accidente de trabajo por cuanto el tiempo que emplea la persona trabajadora a cumplir hasta el lugar del encargo profesional es calificado como tiempo de trabajo; "siendo el lugar de trabajo aquél en el que en cada momento se halle el empleado a causa de la misión o encargo[161]". Por tanto, el ámbito de protección es mucho mayor por cuanto se amplía al desplazamiento de ida o vuelta de la misión sin la sujeción geográfica al trayecto de ida o vuelta al trabajo. Ello sugiere admitir que en este supuesto sí que se mantiene la obligación empresarial respecto al deber de seguridad[162].

No obstante, es preciso señalar como ha indicado la doctrina laboralista que "no todo lo que sucede durante la misión tiene una conexión necesaria con el trabajo, cuando ni es propiamente desplazamiento, ni tampoco realización

---

160 CUADROS GARRIDO, M.E. (2022). *Ocasionalidad y presunción en el accidente de trabajo, ob.cit.*, p. 71.

161 VICENTE ANDRÉS, R. (2021). *Accidentes de trabajo. "Aspectos procesales", ob.cit.*, p. 196.

162 FERNÁNDEZ COLLADOS, M. B. (2004). "La presunción de laboralidad del apartado 3 del art. 115 LGSS y el accidente «en misión». Comentario a la STSJ de Madrid de 11 de octubre de 2004", *Revista Doctrinal Aranzadi Social*, nº 5, p. 5.

de la actividad laboral[163]". La doctrina laboralista ha ofrecido una estructura del accidente en misión declarando que:

- El accidente en misión constituye un accidente de trabajo *ex* art. 156 LGSS.
- Es un accidente que ocurre en tiempo y lugar de trabajo.
- Se produce por ocasión o por consecuencia de la prestación laboral.
- El desplazamiento se produce a efectos de cumplir la misión[164].
- Su característica principal es que la lesión tiene lugar "en unas condiciones geográfico-temporales diferentes de las condiciones laborales ordinarias[165]".

Y, por otro lado, se ha señalado que concurren tres elementos que configuran la estructura del accidente en misión[166]:

- El elemento temporal: debe producirse en tiempo de trabajo, abarcando el periodo de tiempo del trayecto de ida y de vuelta como aquel dedicado a cumplir el encargo.
- El elemento locativo: el ámbito material de protección se extiende a un lugar distinto del lugar de trabajo habitual, en decir, un lugar al que deberá acudir para cumplir con la misión encomendada.
- El elemento casual: está referido al hecho que motiva el desplazamiento, en este caso, a la orden empre-

---

163 SEMPERE NAVARRO, A.V. (2007). "Rectificación del concepto de accidente de trabajo en misión. Comentario a la STS de 6 de marzo de 2007", *Repertorio de Jurisprudencia*, nº 9, p. 7.

164 SÁNCHEZ PÉREZ, J. (2014). "Ámbito del accidente de trabajo en misión", *Revista Doctrinal Aranzadi Social*, nº 9, p. 3.

165 POQUET CATALÁ, R. (2016). "Últimos perfiles del accidente de trabajo en misión", *Revista Lex social*, vol. 7, nº 1, p. 233.

166 CUADROS GARRIDO, M.E. (2022). *Ocasionalidad y presunción en el accidente de trabajo, ob.cit.*, p. 74.

sarial de cumplir con un cometido en tiempo y lugar concreto conforme a los parámetros indicados, que deberá materializarse.

En definitiva, y como ha señalado el TS, el accidente en misión constituye "una lógica derivación del concepto de accidente de trabajo «in itinere» porque si este segundo concepto consiste en el soportado por el trabajador en el obligado desplazamiento desde su domicilio al lugar de prestación de los servicios, o, una vez acabada la jornada, desde el lugar de prestación de los servicios hasta su domicilio habitual, ya que la ley entiende que a tales trayectos y riesgos debe extenderse la protección proporcionada por la Empresa, con mayor razón deberá extenderse tal protección cuando la prestación de los servicios y sus condiciones y circunstancias impiden al trabajador aquel regreso, y excluyen la necesidad de reintegrarse al lugar de reanudación de las tareas profesionales, porque tal lugar no es abandonado al concluir y, por eso, es innecesario el reintegro, ya que el trabajador «itinerante», como con expresión real le definen los hechos probados, está en ese itinerario desde que abandona su domicilio hasta que vuelve a él, cuando concluye las tareas que tiene encomendadas[167]".

En referencia al teletrabajo, el accidente en misión puede tener lugar de dos formas: por el cumplimiento de obligaciones personales adquiridas por las personas trabajadoras (delegado sindical, firma notarial, actuación ante los tribunales)[168] y por obligaciones o misiones encomendadas por el empresario (entrega de documentación, visita de

---

167 Recurso de casación para la unificación de doctrina núm. 3414/2000 (RJ 2002\595).

168 Incluso se reconoce que pueda reconocerse el accidente en misión cuando la persona trabajadora deba acudir a comprar algún material de extrema urgencia para continuar con su prestación laboral. Piénsese, por ejemplo, en pilas para el ratón o teclado, papel, tinta, ya que a tenor del art. 12.1 y 12.2 Ley 10/2021, se puede fijar por negociación colectiva la compensación económica. *Vid.* SELMA PENALVA, A. (2023). "El accidente de trabajo en el teletrabajo", *ob.cit.*, p. 4.

clientes, venta de productos, formación)[169]. De este modo, pueden darse situaciones en las que la empresa imponga a la persona trabajadora acudir a determinados lugares en cumplimiento de unos determinados fines; durante el periodo de esta prestación personal, estará cubierta por el régimen previsto *ex* art. 156 LGSS.

---

169 SELMA PENALVA, A. (2016). "El accidente de trabajo en el teletrabajo. Situación actual y nuevas perspectivas", *ob.cit.*, nº 134, pp. 159.

5. *Los factores de riesgo psicosocial*

En primer lugar, para comenzar este análisis conviene hacer una distinción entre los conceptos "factores psicosociales" y "factores de riesgo psicosocial". En este sentido, la doctrina ha señalado que los factores psicosociales tienen un carácter neutro o meramente descriptivo; su objetivo consiste en esclarecer y evaluar unas determinadas características del trabajo. Y los factores de riesgo psicosocial constituyen "una materialización inadecuada o deficiente de los primeros, pasando entonces a ser factores predictivos de daños de la salud[170]".

La OIT definió los factores de riesgo como aquellas "interacciones entre el medio ambiente de trabajo, el contenido del trabajo, las condiciones de organización y las capacidades, necesidades, cultura del trabajador, y consideraciones personales externas al trabajo que pueden, en función de las percepciones y la experiencia, tener influencia en la salud, rendimiento del trabajo y satisfacción laboral".

Por otro lado, y en la misma línea seguida por la OIT, E-Batawi insiste en que "los factores psicosociales se originan en las condiciones organizacionales del trabajo y están mediados por la percepción y la experiencia de las personas trabajadoras. Las condiciones organizacionales son el punto de origen de los factores y tales repercusiones pueden ser tanto positivas como negativas. Las condiciones organizacionales pueden dar lugar tanto al estrés laboral como al desarrollo y bienestar del trabajador"[171]. De forma muy

---

170 OTERO APARICIO, M.J., VELÁZQUEZ FERNÁNDEZ, M.P. "Obligaciones respecto a los riesgos psicosociales", p. 716, en TRUJILLO PONS, F. (2023). *Tratado práctico de prevención de riesgos laborales*, Atelier.

171 EL BATAWI. Problemas de la salud psicosociales de los trabajadores en países en desarrollo, en KALIMO, R., EL BATAWI., M.A. Y COOPER,

resumida, se entiende que los factores de riesgo psicosocial están asociados a los factores del lugar de trabajo, que propiciarían riesgos para la seguridad y salud del trabajador.

La tarea de identificar los riesgos es una forma de adelantarse a su diagnóstico, permitiendo que se puedan adoptar medidas que minimicen su aparición. En este sentido, COX llevó a cabo una clasificación por grupos identificando los riesgos en cuanto al contenido[172]: el medio ambiente de trabajo y equipo de trabajo, el diseño de las tareas, la carga de trabajo y el ritmo de trabajo y el horario de trabajo.

Por otro lado, en cuanto al contexto de trabajo señaló que son determinantes: la función y la cultura organizativa, la función de la persona trabajadora en la organización, su desarrollo profesional, la autonomía de toma de decisiones y control de sus tareas, las relaciones interpersonales en el trabajo, así como la interfaz-casa trabajo. Por tanto, es una tarea estrictamente necesaria evaluar e investigar respecto a estos criterios qué tipos de riesgos pueden generar para el trabajador en las nuevas estructuras corporativas[173].

De hecho, la gestión de riesgos psicosociales relacionados con el trabajo ha sido particularmente significativa durante la

---

C.L. (Eds). (1988). Los factores psicosociales en el trabajo y su relación con la salud. (pp 15-22) Ginebra: Organización Mundial de la Salud.

172 COX, T., GRIFFITHS, A., Y RIAL-GONZÁLEZ, E. (2000). Research on work-related stress. Luxembourg: Office for Official Publications of the European Communities: European Agency for Safety & Health at Work. Recuperado de https://osha.europa.eu/en/publications/report-research-work-related-stress

173 En cuanto a la participación de los trabajadores en el diseño de nuevas formas de organización en la empresa, sostiene que "Thirdly, there are approaches which argue that the ultimate 'end-users ' of a work system built around the new technologies need to participate in its design. In distinction to the importance placed on worker-management negotiations by some industrial relations theorists, such approaches emphasize the importance of face-to face participation between managers, systems design experts and end-users.", p. 289, en BLACKER, F. BROWN, C. (1986) "Alternative models to guide the design and introduction of the new information technologies into work organizations", *Journal of Occupational Psychology*, nº 59.

pandemia de la COVID-19. Ya no solo para garantizar la salud frente al contagio del virus sino por minimizar considerablemente los riesgos emergentes en un contexto de teletrabajo.

El aumento de las cargas de trabajo, las jornadas extensivas más allá de lo pactado y los periodos casi inexistentes de descanso[174] por el confinamiento domiciliario familiar pueden haber agravado la aparición de riesgos psicosociales; constituye una carga adicional compartir este espacio vital en el que las fronteras profesionales y privadas prácticamente son inexistentes.

Además, durante el periodo de confinamiento domiciliario estricto, debido al cierre de escuelas y del servicio de prestación a domicilio a personas dependientes incrementaron las tareas de cuidado de menores de edad o personas dependientes[175]. Lo que supone un hándicap añadido de estrés por las dificultades obvias que plantea a efectos de desempeñar las tareas laborales.

5.1. LA CONTRIBUCIÓN DE LAS NOTAS TÉCNICAS PREVENTIVAS AL PROCESO DE EVALUACIÓN PREVENTIVA EN EL TELETRABAJO

Las Notas Técnicas de Prevención (en adelante, NTP) son documentos de consulta de carácter técnico elaborados por el Instituto Nacional de Seguridad y Salud en el

---

174 GARCÍA QUIÑONES, J. C. (2015). "La organización del tiempo de trabajo y descanso y la conciliación en el teletrabajo", pp. 129-170, en VILLALBA SÁNCHEZ, A. MELLA MÉNDEZ, L. *Trabajo a distancia y teletrabajo: estudios sobre el régimen jurídico en el derecho español y comparado, ob. cit.*

175 *Vid.*, sobre las dificultades de conciliación y teletrabajo durante el confinamiento, LÓPEZ ÁLVAREZ, M. (2020). "Trabajo a distancia, conciliación familiar y corresponsabilidad", pp. 105-122 en LEÓN LLORENTE, C. CALMAESTRA VILLÉN, J. SOTO GARCÍA, O. *Teletrabajo y conciliación en el contexto de la COVID-19: Nuevos retos en el marco de la prevención de la violencia de género y la calidad de vida de las mujeres*, Pamplona, Aranzadi.

Trabajo (en adelante, INSST). El propósito es poner a disposición de las partes involucradas en el proceso de prevención de riesgos laborales herramientas de apoyo y consulta. Por lo tanto, este tipo de documentos no tiene carácter vinculante ni de cumplimiento obligatorio por las empresas, sino que constituye un criterio técnico que facilita la aplicación de las previsiones legales.

5.1.1. Las NTP 1122 y 1123

Las NTP 1122 y 1123 desarrollan en profundidad aspectos concretos que inciden de manera directa en el teletrabajo.

En primer lugar, respecto a la NTP 1122 examina la incidencia positiva y negativa del uso de las TIC en el medioambiente laboral respecto a una nueva forma de organización de la prestación laboral, el teletrabajo. En este sentido, plantea una tesis bastante interesante al respecto al considerar que "las tecnologías (en general) y las TIC (en particular) son neutras, es decir, su uso no implica necesariamente consecuencias positivas ni negativas en sí mismas, sino que es la forma en la que se usan lo que puede inclinar la balanza hacia un lado o hacia otro". A este respecto, la deslocalización de la persona trabajadora supone una alteración de los cánones tradicionales de la prestación laboral y, en consecuencia, pueden diferenciarse entre aspectos potencialmente positivos y negativos.

Cuadro 1. Características del teletrabajo

ASPECTOS POSITIVOS	ASPECTOS NEGATIVOS
Deslocalización laboral	Disminución del contacto social, aislamiento, falta de canales de comunicación, dificultad de coordinación, monitorización como método de supervisión.
Implementación de las TIC como medio imprescindible de desarrollo de la prestación laboral	Dependencia tecnológica e incertidumbre ante posibles problemas técnicos que impidan el desarrollo normal de la prestación laboral

ASPECTOS POSITIVOS	ASPECTOS NEGATIVOS
Flexibilidad y conciliación laboral	Prolongación de jornadas máximas de trabajo Dificultad para registrar de forma fiable y objetiva el horario de trabajo Falta de un medio ambiente personal para desarrollar la prestación laboral Difuminación de los tiempos de trabajo/descanso Difuminación del tiempo de trabajo y tiempo de ocio Imposibilidad de desconexión digital total
Autonomía y autogestión	Falta de conocimientos y competencias digitales Exceso de dependencia personal-tecnológica Falta de planificación Adicción al trabajo
Inserción positiva de colectivos con movilidad reducida, con cargas personales, dificultades de desplazamiento, acceso de personas residentes en zonas rurales.	Anclaje a la cultura del presentismo como método tradicional de la prestación laboral. Falta de asunción de una política corporativa digital de tránsito a nuevos retos laborales.

Fuente: Elaboración propia a partir de la NTP 1122 y 1123

Por otro lado, la NTP 1123 pretende atender a visibilizar los factores de riesgo de carácter psicosocial que pueden tener lugar como falta de un diseño inadecuado de condiciones de trabajo en el que las personas trabajadoras interactúan intensamente con las TIC. Así mismo, identifica medidas preventivas cuyo fin es poner fin o reducir las posibilidades de exposición de las personas trabajadoras a este tipo de riesgos. Por consiguiente, constituyen una herramienta de gran interés para las personas que participan en este proceso de evaluación.

Cuadro 2. Evaluación de factores psicosociales

	FACTORES DE RIESGO PSICOSOCIAL	MEDIDAS PREVENTIVAS
TIEMPO DE TRABAJO	Exceso de jornada laboral Alteración de los horarios de trabajo Insuficiente gestión de los tiempos de trabajo Acumulación de tareas Falta de sincronía/asincronía con el resto de la organización Conectividad continua, constante y extenuada	Implantación de un modelo de gestión de los tiempos de trabajo Diseño de buenas prácticas en el uso de las TIC Campañas corporativas que incluyan todos los niveles jerárquicos sobre planificación y gestión de la jornada de trabajo Programación de las franjas horarias de disponibilidad/indisponibilidad Política de desconexión digital Canales de conexión/desconexión del trabajo
SALUD LABORAL	Aumento de la demanda psicológica Sentimiento de soledad y deslocalización Multitarea tecnológica Interdependencia personal-tecnológica Difuminación de los tiempos de trabajo/descanso Aparición de riesgos físicos y mentales asociados al uso de las TIC	Buenas prácticas sobre salud laboral y buen uso de las TIC Política de salud laboral Visualización de los riesgos psicosociales Evaluación de riesgos psicosociales Planes de evaluación y seguimiento de la salud laboral Implantación de programas formativos específicos Programas de apoyo a trabajadores deslocalizados

	FACTORES DE RIESGO PSICOSOCIAL	MEDIDAS PREVENTIVAS
CONCILIACIÓN DE LA VIDA LABORAL Y FAMILIAR	Gestión inadecuada de la flexibilidad laboral Falta de una política corporativa sobre gestión de los tiempos de trabajo y de ocio Ausencia de buenas prácticas que faciliten la conciliación laboral y familiar en condiciones de igualdad Uso inadecuado de las herramientas digitales de uso profesional Difuminación de los tiempos de trabajo, descanso y ocio por el manejo incontrolado de las herramientas tecnológicas con uso profesional	Política corporativa sobre conciliación laboral y familiar Diagnóstico de situación en el Plan de Igualdad sobre la conciliación en condiciones de igualdad Gestión del teletrabajo como medida de conciliación planificada Protocolos sobre gestión de los tiempos de trabajo y conciliación laboral Guía sobre el uso de las TIC durante y después de la jornada de trabajo Buenas prácticas sobre el equilibrio del tiempo de trabajo y el tiempo de disfrute familiar

Fuente: Elaboración propia a partir de la NTP 1122 y 1123

5.1.2. La NTP 412

Abordando la cuestión de la implantación del teletrabajo, el Instituto Nacional de Seguridad e Higiene en el Trabajo (en adelante, INSHT) pone a disposición de los interesados la NTP 412[176] relativa a los criterios de implementación de esta modalidad.

Su contenido en sí ofrece un marco conceptual claro en el que se plantean recomendaciones en cuanto a las fases de su implantación. Como, por ejemplo, las características deseables de los teletrabajadores[177]; personales (flexibilidad,

176 Recuperado de https://www.insst.es/documents/94886/326962/ntp_412.pdf/420efc83-3075-4dd7-a571-07627688d416

177 *Vid.*, sobre la recualificación profesional para adaptarse a las nuevas demandas del mercado de trabajo, el perfil tecnológico. Recuperado

adaptabilidad, autodisciplinado, independiente, dinámico); como relacionadas con el puesto de trabajo (capacidad de trabajar sin supervisión y sin presión física, buenos dotes de comunicación, habilidades sociales, buena organización y gestión del tiempo, resolutivo ante posibles incidencias)[178].

Por otra parte, las ventajas y desventajas de adoptar esta medida, así como el documento de teletrabajo donde se integren las condiciones de tal acuerdo (métodos, duración, equipo de trabajo, costes). Pese a las salvedades y escollos expuestos anteriormente, en definitiva, se consideran superadas en principio por el claro marco jurídico que se ha planteado y que permiten un cumplimiento pleno de la LPRL a las personas teletrabajadoras[179].

En conclusión, esta reflexión nos sugiere ser cautos y estar al corriente de los continuos avances de la sociedad de la información ya que la tecnología avanza a ritmos incalculables. Por un lado, porque ya se ha adelantado los innumerables beneficios que puede reportar en el ámbito del trabajo el desarrollo de tecnologías emergentes (*BigData*, inteligencia artificial)[180]. Por otro, invita a permanecer atentos a su devenir puesto que aún se desconoce su auténtico potencial, inclusive, los serios problemas que puede ocasionar en la salud y seguridad de las personas.

---

de SELINGO, J. (2018). The False Promises of Worker Retraining. Retrieved from The Atlantic: https://www.theatlantic.com/education/archive/2018/01/the-false-promises-of-worker-retraining/549398/

178 Sobre habilidades blancas o *soft skills* en TITO MAYA, M. SERRANO ORELLANA, B. (2016). "Desarrollo de soft skills una alternativa a la escasez de talento humano", *INNOVA Research Journal*, vol. 1, nº 12, pp. 59-76.

179 DEL VALLE VILLAR manifiesta que es cierto que la LPRL no dedica una sección específica a los peligros que derivan de la innovación tecnológica en las empresas, pero sí se puede "rastrear una presencia implícita de aquellos riesgos específicos a lo largo de su articulado", en DEL VALLE VILLAR, J. M. (2008). "Innovación tecnológica y contrato de trabajo (I): prevención de nuevos riesgos laborales", *Anuario de la Facultad de Derecho*, nº 1, p. 331.

180 Los beneficios de la Inteligencia Artificial para el empleo. (9 de mayo de 2919) Randstad. Recuperado de https://www.randstad.es/tendencias360/los-beneficios-de-la-ia-para-el-empleo/

5.1.3. La NTP 1165

Este proceso de retroalimentación informativa podrá adoptarse por diferentes vías, de hecho, la NTP 1165 señala al respecto que, por ejemplo, podría utilizarse para la visualización del puesto de teletrabajo, la grabación a través de una cámara web, medición de distancias, toma de fotografías o descripción telefónica por el trabajador de los aspectos que sean necesarios para que el plan preventivo sea totalmente óptimo[181].

Por consiguiente, el siguiente paso tras la obtención de la evaluación tal y como indica el art. 16 de la Ley 10/2021 en su título, es el momento de llevar a cabo la planificación y la ejecución de las medidas correspondientes. A este respecto, la NTP 1165 insiste en la premisa de que el teletrabajo requiere de un tratamiento especial en cuanto a la gestión de riesgos que podría ser complementada con una actividad preventiva básica, la formación[182]. Téngase en

---

181 Sobre esta cuestión hay quienes consideran que "la inspección virtual no es una metodología alternativa en el sentido de no requerir el consentimiento de la persona trabajadora, sino que debe recibir el mismo tratamiento que la entrada física al domicilio". *Vid.* AA.VV. (2021). Teletrabajo. Estudio jurídico desde la perspectiva de la seguridad y salud laboral, *ob., cit.*, p. 154.

182 La autorización del trabajador para permitir el acceso de la persona encomendada por el empresario para llevar a cabo la evaluación de riesgos cobra vital importancia, en caso de que fuera necesario, a fin de llevar a cabo una evaluación completa y precisa. Aunque pueda ser una tarea sin muchas complicaciones, la realidad es que la evaluación entraña muchos conceptos para tener en cuenta (iluminación, altura del respaldo y la silla, condiciones de la mesa de trabajo, ventilación de la zona) y que, probablemente, el trabajador no reúna la capacitación necesaria para ello. El propio Reglamento de los Servicios de Prevención determina en sus arts. 35 c), 36 b) y 37 b), determina los niveles de capacitación de carácter básico, intermedio y superior para gestionar este tipo de evaluaciones. De esta forma, el trabajador que posea una formación que oscila entre 30 y 50 horas, podrá realizar evaluaciones elementales de riesgos y, en su caso, establecer medidas preventivas del mismo carácter compatibles con su grado de formación. Cuestión que deberá tomar en consideración la empresa en el proceso de reclutamiento o de aprobar el acuerdo individual de teletrabajo que se encuentre en plantilla.

cuenta que el art. 19 LPRL señala los puntos sobre los que debe versar esta formación preventiva al trabajador y que pueden resumirse en los siguientes:

a) **En cuanto al contenido:** evidentemente está focalizada en la prevención de riesgos laborales y debe estar centrada en una formación teórica y práctica, que sea suficiente y adecuada. Así mismo, debe ser una formación específica y personalizada a razón del puesto, funciones, evolución o aparición de nuevos riesgos, y con carácter periódico.

b) **En cuanto al momento:** la LPRL señala en este aspecto que debe llevarse a cabo al momento de la contratación, cuando se produzcan cambios en las funciones o equipos de trabajo que desempeñe/utilice el trabajador.

c) **En cuanto a la modalidad laboral:** alcanza a la totalidad de las personas trabajadoras independientemente de su modalidad o duración contractual.

6. Los riegos psicosociales asociados al teletrabajo

La prevención de riesgos laborales, en una sociedad laboral digitalizada (o al menos en este proceso) y estrictamente informatizada, cobra especial trascendencia en cuanto a minimizar los riesgos de exposición de las personas trabajadoras a este tipo de medios. Especial mención refiere, por cuanto es el tema principal de este estudio, la íntima relación que vincula a estos riesgos con la desconexión digital[183] entre el trabajo y la vida personal y familiar. Es por ello por lo que se ha decidido plasmar en este epígrafe los riesgos que pueden afectar a las personas trabajadoras fruto de una conectividad prolongada, máxime, en una relación laboral desarrollada mediante la opción de teletrabajo.

Con carácter previo a la identificación de estos nuevos riesgos emergentes, es preciso iniciar el estudio desde el concepto de riesgo psicosocial. La preocupación por este tipo de riesgos tiene un origen especialmente reciente. De hecho, la OIT en su documento "Los factores Psicosociales en el Trabajo: Reconocimiento y Control" en 1986, definió a este tipo de riesgos como "las interacciones entre el contenido, la organización y la gestión del trabajo y las condiciones ambientales, por un lado, y las funciones y necesidades de las personas trabajadoras, por otro. Estas interacciones podrían ejercer una influencia nociva en la salud de los empleados a través de sus percepciones y experiencia".

Por este entonces, Cox y Griffiths aportaron su definición como "los aspectos del trabajo, de la organización y

---

183 *Vid.* sobre la alteración del bienestar psicológico del trabajador como consecuencia de la conexión infinita en ALEGRE NUENO, M. (2018). "La prevención de los nuevos riesgos psicosociales y el derecho a la desconexión digital", *Gestión práctica de riesgos laborales: Integración y desarrollo de la gestión de la prevención*, nº 155, pp. 38-41.

de la gestión y sus contextos sociales y organizacionales que tienen consecuencias negativas sobre la salud de las personas trabajadoras"[184].

Así, los riesgos psicosociales cobran fuerza durante esta época en nuestro país y en una aproximación a su concepto en la LPRL, es posible encontramos con una serie de características asociadas al término de riesgo psicosocial[185], aunque no explícitamente.

En primer lugar, si se interpreta el concepto de riesgo que define la LPRL en su art. 4, se puede concluir que el riesgo psicosocial es un daño que puede sufrir la persona trabajadora como consecuencia del trabajo. Entiéndase como daño aquel que deriva del trabajo y que está integrado por toda enfermedad, patología o lesión sufrida con motivo u ocasión del trabajo.

En segundo lugar y de forma más contundente en cuanto a la percepción clara del riesgo psicosocial encontramos en el RD 39/1997 de los Servicios de Prevención, su ANEXO VI. En este apartado de la norma se establece entre la formación necesaria para un técnico superior en prevención de riesgos laborales la especialidad de Ergonomía y Psicosociología Aplicada. Para esta especialidad, el ANEXO VI determina como requisito para el desempeño de funciones de nivel superior, formación en materias como: carga mental del trabajo, factores de naturaleza psicosocial, es-

---

184 COX, T. Y GRIFFITHS, A. J. (1996). The assessment of psychosocial hazards at work. In M.J. SCHABRACQ, J. A. M. WINNUBST, Y C. L. Cooper (Eds.), Handbook of Work and Health Psychology, Chichester: Wiley and Sons, pp. 127-146.

185 De acuerdo con MORENO JIMÉNEZ "un riesgo psicosocial, sin el matiz de factor de riesgo, es un hecho, situación, estado o acontecimiento que es consecuencia de la organización del trabajo, tiene una alta probabilidad de afectar negativamente a la salud del trabajador y además de forma importante. Es decir, son riesgos psicosociales caracterizados por una alta probabilidad de una consecuencia grave para la salud del trabajador". MORENO JIMÉNEZ, B. (2014). "Los riesgos laborales psicosociales: marco conceptual y contexto socioeconómico", *Revista ORPjournal*, nº 1, p. 8.

trés y otros problemas psicosociales, consecuencias de los factores psicosociales nocivos y su evaluación e intervención psicosocial. En consecuencia, se evidencia la evidente preocupación del legislador por entonces de los riesgos emocionales o de bienestar emocional.

Por lo tanto, constada la integración de las TIC en la cotidianidad de las empresas y los evidentes riesgos que pueden surgir por su utilización, se justifica la correspondiente evaluación de riesgos, *ex* art. 15 y 16 LPRL. En definitiva, viene a significar, en cuanto a teletrabajo, la reevaluación por el cambio en las condiciones de trabajo y el uso de nuevas tecnologías, art. 4.2 a) y b) del Reglamento de los Servicios de Prevención.

6.1. EL ESTRÉS LABORAL

En cuanto a la identificación de los principales riesgos psicosociales con consecuencias en la salud y calidad de vida de las personas trabajadoras se señalan: el estrés, la violencia en el ámbito laboral, el acoso laboral y sexual, la inseguridad laboral, así como el desgaste profesional o *burnout*[186].

En primer lugar, el estrés laboral es concebido como "la reacción que puede tener el individuo ante exigencias y presiones que no se ajustan a sus conocimientos y capacidades, y que ponen a prueba su capacidad para afrontar la situación"[187]. De esta definición, se puede trasladar al reto

---

186 ROMERAL HERNÁNDEZ, J. "Disposiciones sobre riesgos psicosociales específicos", en AA.VV. *El tratamiento convencional de los riesgos psicosociales: Estado actual y nuevas propuestas*, Observatorio Permanente de Riesgos Psicosociales UGT-CEC, pp. 62-67. Recuperado de http://portal.ugt.org/saludlaboral/observatorio/publicaciones/estudios/2010_estudio_02.pdf

187 GRIFFITHS, A, LEKA, STAVROULA & COX, T. (2004). La organización del trabajo y el estrés: estrategias sistemáticas de solución de problemas para empleadores, personal directivo y representantes sindicales/Stavroula Leka, Amanda Griffiths, Tom Cox. Ginebra: Organización Mundial de la Salud.

que plantea para muchas personas trabajadoras a adaptar su puesto de trabajo a un entorno de teletrabajo.

Evidentemente, en un primer momento, muchas personas pueden sufrir un sentimiento de presión ante el reto que ello significa y que puede derivar negativamente en una situación descontrolada dando origen a este término que aquí se analiza. La sensación de estar alerta por las circunstancias sanitarias fruto de la experiencia de crisis epidemiológica que derivan inevitablemente en una crisis económica puede causar niveles de presión exorbitantes. Acompañado, además, de que puede ser un agravante las características personales de cada persona trabajadora. Ya no solo en cuanto a las capacidades tecnológicas para desempeñar un trabajo a distancia sino también de saber afrontar este tipo de dificultades sin apoyo directo *in situ* del resto la plantilla.

En términos generales, la aparición del estrés en una persona trabajadora puede significar una puesta a prueba de su resiliencia a nuevos factores organizativos. En un alto porcentaje la superación de este bache dependerá en gran medida de sus conocimientos y capacidades. De esto modo, y en consonancia con la Organización Mundial de la Salud, un entorno laboral saludable estaría integrado por "un estado de completo bienestar físico, mental y social". Es decir, no solo se estaría completamente sano sin ausencia de afecciones o enfermedades[188].

Fruto de la preocupación de personas trabajadoras y empleadores se firmó por los interlocutores sociales el Acuerdo Marco Europeo sobre Estrés Laboral el 8 de octubre de 2004. Este acuerdo tiene la finalidad de sensibilizar y concienciar a ambas partes acerca del estrés en el trabajo otorgándole la atención que merece. Y es que se trata de

---

188 Preámbulo de la Constitución de la Asamblea Mundial de la Salud, adoptada por la Conferencia Sanitaria Internacional, Nueva York, 19-22 de junio de 1946; firmada el 22 de julio de 1946 por los representantes de 61 Estados (Actas oficiales de la Organización Mundial de la Salud, No. 2, p. 100) y que entró en vigor el 7 de abril de 1948.

un fenómeno complejo puesto que puede afectar a cualquier persona puesto que las personas trabajadoras pueden responder de distinta forma. Esta patología está asociada a diferentes factores objetivos (personales, ambientales, organización de trabajo y procesos, comunicativos) así como subjetivos (presión emocional, falta de apoyo, sentimiento de no pertenencia, desmotivación) y que pueden causar perjuicios graves en la salud de las personas trabajadoras. Para lograr la identificación de este problema de estrés laboral, la norma europea considera que la prevención es el instrumento óptimo para la evaluación y seguimiento de la salud.

La gestión de una política preventiva en la corporación es fundamental, reforzada por la formación tanto a la dirección como a la plantilla sobre esta patología. La sensibilización y la formación asumen una verdadera importancia ya que pueden ser el medio por el que se preste mayor atención a este tipo de riesgos y logre identificarlos con rapidez. Juntamente con actuaciones de comunicación y corresponsabilidad a todos los niveles jerárquicos de manera que las condiciones de trabajo, el entorno, las responsabilidades asumidas y la carga sean adecuadas al bienestar laboral.

6.2. LAS TECNOPATOLOGÍAS

El proceso de digitalización que se ha insertado y expandido a todos los niveles no revierte sólo aspectos positivos, sino también negativos. Esta nueva era digital caracterizada por la interactuación prolongada de las personas a los dispositivos digitales, tanto en su vida personal como profesional, provoca un impacto nocivo en su salud. Con esta aclaración se quiere introducir en el análisis de patologías asociadas al uso, disfrute, dependencia e interactuación de dispositivos digitales y sufridas por las personas trabajadoras.

Un primer concepto es el "tecnoestrés[189]", que puede definirse como "una enfermedad de adaptación causada por la falta de habilidad para tratar con las nuevas tecnologías del ordenador de manera saludable". En definitiva, esta patología surge a raíz de la interactuación de las personas con la tecnología y toma como raíz de su aparición la falta de competencias y habilidades para desenvolverse hábilmente con las prestaciones laborales-digitales. Otros autores se han acercado a su estudio desde el impacto o los efectos negativos que puede causar la tecnología en la salud de las personas. En este sentido, otro sector doctrinal[190] ha identificado al tecnoestrés como "cualquier impacto negativo en las actitudes, los pensamientos, los comportamientos o la fisiología causado-directa o indirectamente por la tecnología".

Precisamente, esta última definición que se antoja más específica se acerca al acuerdo mayoritario de la doctrina de la psicología que ha profundizado en su estudio. De este modo, puede alcanzarse un consenso sobre esta patología asociada, en el ámbito laboral, a los desajustes organizativos instaurados en la empresa que generan una mayor presión para las personas trabajadoras[191]. Pero, con una connotación digital, ya que la falta de competencias digitales potencia el riesgo de aparición y, por ende, el impacto negativo en la salud de esta patología. En definitiva, el tecnoestrés puede definirse como "un estado psicológico negativo relacionado con el uso de TIC o amenaza de su uso en un futuro. Ese estado viene condicionado por la percepción de un desajuste entre las demandas y los recursos relacionados con el uso de las TIC que lleva a un alto nivel de activación

---

189 BROD, C. (1984). *Technostress: The human cost of the computer revolution.* Reading Mass: Addison-Wesley, pp. 553-556.

190 WEIL, M.M. Y ROSEN, L.D. (1997). *Technostress: Coping with technology @work, @home, @play.* New York: John Wiley and Sons.

191 SALANOVA, M., CIFRE, E. Y MARTÍN, P. (1999). "El proceso de 'Tecnoestrés' y estrategias para su prevención", *Revista Prevención, Trabajo y Salud,* nº 1, pp. 18-28.

psicofisiológica no placentera y al desarrollo de actitudes negativas hacia las TIC[192]".

El tecnoestrés ha ocupado un espacio de interés en su estudio y prevención. Tal es así que la NTP 730-Tecnoestrés: concepto, medida e intervención social, reconoce que esta patología constituye un "cajón de sastre[193]" ya que está estrechamente relacionada con otro tipo de "tecnopatologías" que pasan a ser examinadas.

En primer lugar, la NTP 730 reconoce que la "tecnoansiedad" constituye un estado en el que la persona "experimenta altos niveles de activación fisiológica no placentera". En conjunto, la persona sufre momentos de tensión y malestar debido a la utilización de las TIC[194]. En segundo lugar, otra patología asociada al uso de la tecnología es la "tecnofobia[195]", es decir, la fobia o intranquilidad de las personas trabajadoras que trae causa en un déficit de conocimientos o habilidades digitales. Entre sus características, se puede señalar el miedo, rechazo frontal o resistencia de la persona para desenvolverse cómodamente con la tecnología sin despertar un sentimiento o percepción negativa-agresiva. En tercer lugar, se identifica la "tecnofatiga" como consecuencia del uso prolongado de las TIC, la persona trabajadora puede sentirse extenuada, cansada física y mentalmente[196].

Evidentemente, todas estas "tecnopatologías" pueden potenciar su aparición en la modalidad de teletrabajo en

---

192 SALANOVA, M., DEL LIBANO, M., LLORENS, S., SCHAUFELI, W.B. Y FIDALGO, M. (2007). NTP: 759: La adicción al trabajo, *Instituto Nacional de Seguridad y Salud en el Trabajo.*

193 SALANOVA, M., DEL LIBANO, M., LLORENS, S., SCHAUFELI, W.B. Y FIDALGO, M. (2004). NTP: 759: La adicción, *ob.cit.*

194 SALANOVA SORIA, M. (2007). "Nuevas tecnologías y nuevos riesgos psicosociales en el trabajo", *28 de abril-Revista digital de salud y seguridad en el trabajo,* nº 1, p. 6.

195 JAY, T. (1981). Computerphobia: What to do about it? *Educational Technology,* nº 21, pp. 47-48.

196 *Vid.,* en profundidad sobre esta materia, TRUJILLO PONS, F. (2022). *La fatiga informática en el trabajo,* Albacete, Bomarzo.

la que, prácticamente en su totalidad, las personas trabajadoras interactúan diariamente única y exclusivamente por herramientas digitales. Por tales motivos, se antoja necesario una correcta evaluación previa del puesto de trabajo a fin de identificar correctamente los riesgos e informar a las personas trabajadoras de las directrices preventivas al respecto. Más aún si cabe, en aquellos perfiles laborales que se identifican como adeptos al proceso de innovación tecnológica y les complace la utilización diaria de este tipo de dispositivos llegando a conversite en una verdadera "tecnoadicción"[197].

Una cuestión sabida por todos es que, tras la experiencia sanitaria de la COVID-19, la experimentación del teletrabajo permitió comprobar en primera persona este tipo de situaciones: dependencia electrónica, interactuación prolongada a los dispositivos digitales, estrés asociado al cambio abrupto, entre otras. Por lo tanto, los riesgos psicosociales afloraron de forma silenciosa durante este periodo, ocupando, posteriormente, un espacio de preocupación y sensibilización que había sido reclamado tiempo atrás por la doctrina[198].

En definitiva, todas las patologías expuestas ya habían sido objeto de análisis, evaluación y medición por un amplio sector de la psicología. No obstante, y tras la experiencia de la COVID-19, se llega a plantear si, en cierto modo, se trata de preocupaciones actuales transitorias sobre seguridad y salud laboral dadas las circunstancias vividas. O, si

---

197 A esta conclusión llegó BICHTELER en 1987 al considerar que "These actors are overly positive technology users who often have the attitude that "technology solves all problems" and are often referred to as "tecnofreaks", véase en Technostress: Over Identification with Information Technology and Its Impact on Employees and Managerial Effectiveness, en KAKABADSE, N. K. KOUZMIN, A. KAKABADSE, A. K. (2000). *Creating Futures: Leading Change Through Information Systems*, Routledge, p. 264.

198 GONZÁLEZ COBALEDA, E. (2015). "Riesgos psicosociales, derechos fundamentales y NTIC: una perspectiva de protección diferente", *Revista de Trabajo y Seguridad Social-CEF*, nº 387, p. 21-22.

seriamente pudiéramos estar hablando de las nuevas enfermedades profesionales en el futuro teniendo en cuenta que el proceso de digitalización progresa a pasos agigantados y no se prevé un retroceso en este aspecto[199].

6.3. EL *BURNOUT*

Acompañando al estrés laboral, una de las situaciones que más ha suscitado interés durante los primeros momentos en los que se implementó el teletrabajo lo constituye la carga mental de las personas trabajadoras. Entiéndase por este concepto, tal y como indica el INSST como "el grado de movilización, el esfuerzo intelectual que debe realizar el trabajador para hacer frente al conjunto de demandas que recibe el sistema nervioso en el curso de realización de su trabajo"[200].

Este concepto engloba todas y cada una de las actuaciones que conllevan presión en cuanto a disminuir los periodos de realización de actividades, el sobresfuerzo del trabajador para concentrarse y dar respuesta adecuadas, la propia fatiga propiciada de esta doblegar las capacidades mentales y la propia complejidad de las tareas a desempeñar[201].

No obstante, comúnmente se ha denominado a esta psicopatología como "*burnout*", o síndrome del trabajador "quemado". Esta psicopatología fue examinada por primera vez por Freudenberger[202] quien identificó que el síndro-

---

199 SÁNCHEZ TRIGUEROS, C., KAHALE CARRILLO, D.T. (2016). "Las enfermedades psicosociales y su consideración como enfermedad del trabajo", *Anales de Derecho*, nº 1, pp. 7-8.

200 NTP 443: Factores psicosociales: metodología de evaluación. Recuperado de https://www.insst.es/documents/94886/326962/ntp_443.pdf/35f6978d-1338-43c3-ace4-e81dd39c11f0

201 AAVV. (2004). "Nuevos retos de las políticas de salud laboral en las organizaciones de trabajo: una aproximación al estrés laboral y al «burnout» en clave psicosocial", *Revista Temas Laborales*, nº 75, p. 201.

202 No obstante, en la doctrina también es posible encontrar otra referencia a la primigenia utilización y examen del concepto burnout por otro autor, BRADLEY, quien examinó el comportamiento y los

me del trabajador "quemado" como consecuencia de un agotamiento sufrido por las excesivas demandas de energía, fuerzas o implementación de recursos, manifestándose un debilitamiento del estado físico y mental de las personas trabajadoras, sensación de agotamiento, fatiga, dolores persistentes, trastornos gastrointestinales, insomnio, entre otros[203]. De hecho, Maslach y Golberg califican el *burnout* como una figura tridimensional que permite identificar un agotamiento emocional (como consecuencia de un volumen desorbitado de trabajo), una despersonalización (supone el padecimiento de sentimientos negativos de insensibilidad y distanciamiento hacia los demás) y la falta de realización profesional (acumulación de sentimientos de baja autoestima, de que no se alcanzan las expectativas, sentimiento de fracaso, en definitiva, un autodiagnóstico negativo)[204].

Si bien es cierto, en una primera etapa el *burnout* como padecimiento psicosocial estaba asociado a sectores profesionales prioritariamente orientados al trato personal (sectores como la educación, servicios sociales, sanidad, cuerpos y fuerzas de seguridad). No obstante, también consta una segunda etapa en la que, fruto del desarrollo de la tercera y cuarta revolución industrial que ha tenido como principal consecuencia un incremento exponencial en el uso de las TIC, el *burnout* se ha expandido a otro tipo de sectores profesionales. La explicación obedece, principalmente a una de sus dimensiones, el agotamiento emocional, es decir, que a raíz de la relación de interdependencia entre personas trabajadoras *versus* tecnologías que conlleva

---

niveles de estrés en el gremio de los oficiales de policía que se encargaban de la libertad condicional. SÁNCHEZ PÉREZ, J. (2016) "El síndrome del trabajador quemado (*burn out*): su contenido y su polémico encuadramiento jurídico-laboral", *Revista de Información Laboral*, nº 5, p. 5.

203 FREUDENBERGER, H. J. (1974). "Staff burn-out", *Journal of Social Issues*, vol. 30, nº 1, pp. 159-160.

204 MASLACH, C. GOLDBERG, J. (1998). "Prevention of burnout: new perspectives", *Applied & Preventive Psychology-Cambridge University Press*, vol. 7, nº 1, p. 64.

un incremento en la demanda mental en el trabajo por la introducción desorbitada de las TIC como método de desarrollo de la prestación laboral[205].

Constituye una obviedad que los programas informáticos están actualizándose y cambiando constantemente, ello como consecuencia directa de los objetivos digitales de las organizaciones como de las demandas del mercado[206]. Este tipo de dificultades con las que se encuentran las personas trabajadoras por su falta de conocimiento tecnológico, por falta de formación técnica, por encontrarse en una fase de moldeamiento digital continuo pueden constituir riesgos emocionales para su salud[207].

Teniendo en cuenta que la característica primigenia del sistema de la Seguridad Social en el ordenamiento jurídico español es el listado o cuadro cerrado de enfermedades profesionales *ex* art. 157 LGSS, el *burnout* no se encuentra inserto en esta[208]. No obstante, en su apartado segundo se prevé la posibilidad de incluir nuevas enfermedades profesionales, aunque esta potestad es atribuida al Ministerio de Sanidad.

Precisamente, en medio del binomio accidente de trabajo-enfermedad profesional, se ha configurado por la doctrina

---

205 SALANOVA, M., GRAU, R., LLORENS, S. Y SCHAUFELI, W. B. (2001). "Exposición a las tecnologías de la información, burnout y engagement: el rol modulador de la autoeficacia relacionada con la tecnología". *Revista de Psicología Social Aplicada*, nº 11, pp. 69-90.

206 MELÉNDEZ MORILLO-VELARDE, L. Los riesgos psicosociales asociados a las nuevas tecnologías implantadas en los puestos de trabajo. Análisis desde la perspectiva del derecho del trabajo, pp. 431-495, en SEMPERE NAVARRO, A.V. SAN MARTÍN MAZZUCCONI, C. (2014). *Tecnologías de la información y la comunicación en las relaciones de trabajo: nuevas dimensiones del conflicto jurídico*, León, Editorial Eolas.

207 *Vid.* MARTÍNEZ-ÍÑIGO, D. (2001). "Evolución del concepto de Trabajo emocional: dimensiones, antecedentes y consecuencias. Una revisión teórica", *Revista de psicología del Trabajo y de las Organizaciones*, nº 17, pp. 131-153.

208 Real Decreto 1299/2006, de 10 de noviembre, por el que se aprueba el cuadro de enfermedades profesionales en el sistema de la Seguridad Social y se establecen criterios para su notificación y registro. BOE nº 302, de 19 de diciembre de 2006.

iuslaboralista el término enfermedad del trabajo, que ha encontrado acomodo en el art. 156.2 e) LGSS[209], y que se definen como aquellas "enfermedades, no incluidas en el artículo siguiente, que contraiga el trabajador con motivo de la realización de su trabajo, siempre que se pruebe que la enfermedad tuvo por causa exclusiva la ejecución del mismo[210]".

Por tales razones, es necesario probar[211] que el padecimiento de este síndrome por las personas trabajadoras trae causa en la ejecución o con motivo del trabajo. Por consiguiente, que existe una relación directa entre el trabajo y la dolencia psíquica de la persona trabajadora pudiendo generar una situación de incapacidad temporal o de carácter permanente que justifican su calificación como accidente de trabajo[212].

Así, el burnout ha sido reconocido como accidente de trabajo a partir de la doctrina judicial que puede evidenciarse en pronunciamientos como la sentencia 61/2014

---

209 ALEGRE NUENO, M. (2020). "La prevención de riesgos laborales y la desconexión digital en el trabajo", p. 154, en TOSCANI GIMÉNEZ, D. TRUJILLO PONS, F. (dirs.). *La desconexión digital en el trabajo*, Navarra, Aranzadi.

210 Aquí reside uno de los puntos más controvertidos al respecto, determinar cuándo esta psicopatología puede dar lugar a una incapacidad temporal (Recurso de suplicación núm. 831/2004 (AS 2005\3712), permanente total (Recurso de suplicación núm. 209/2007 (JUR 2007\290460), y/o absoluta (Sentencia núm. 188/2004 de 6 de mayo (AS 2004\1866).

211 *Vid.* Recurso de suplicación núm. 500/2004 (AS 2004\1571). Recurso de suplicación núm. 1329/2008 JUR 2009\58923). Recurso de suplicación núm. 1404/2014 (JUR 2015\1991). Recurso de suplicación núm. 2320/2018 (JUR 2019\53250). En estos casos se exige la acreditación de que esta patología ha tenido causa exclusiva y desencadenante en la ejecución del trabajo.

212 En este sentido, SÁNCHEZ PÉREZ se muestra bastante crítico respecto al sistema actual que configura el marco de enfermedades profesionales puesto que no debiera ser necesario recurrir a "la fórmula alternativa del accidente de trabajo *ex* art. 156.2 e) LGSS", ya que esta situación evidencia en sí mismo un "tratamiento inadecuado" del sistema actual de enfermedades profesionales. SÁNCHEZ PÉREZ, J. (2016). "El síndrome del trabajador quemado (burn out): su contenido y su polémico encuadramiento jurídico-laboral", *ob., cit.*, p. 5.

del TSJ de Navarra de 5 de marzo de 2014[213], sentencia 1683/2017 del TSJ de Andalucía de 1 de junio de 2017[214] así como la sentencia 235/2021 del TSJ de Castilla y León de 26 de mayo de 2021[215].

6.4. EL CIBERACOSO O ACOSO CIBERNÉTICO

Entre los riesgos específicos del teletrabajo también se encuentra el ciberacoso o acoso cibernético, identificado como "la acción de amenazar, hostigar, humillar o causar otro tipo de molestias a una persona, generalmente de forma regular o repetida, por medio de tecnología de la comunicación, como Internet, móvil, correo electrónico, mensajería instantánea, redes sociales[216]", entre otras.

Este tipo de actuaciones en buena medida se ven auspiciadas a acometerse por medios tecnológicos, que constituyen en sí mismos un agravante en cuanto a las consecuencias que pueden alcanzar los hechos por la facilidad que este tipo de dispositivos permite a efectos de comunicación y difusión como respecto a "la sensación de anonimato e impunidad en el autor[217], y acentúan la inseguridad y vulnerabilidad de las víctimas[216]".

---

213 Recurso de suplicación núm. 47/2014 (JUR 2014\118970).

214 Recurso de suplicación núm. 1707/2016 (JUR 2017\212917).

215 Recurso de suplicación núm. 216/2021 (AS 2021\1557).

216 AAVV. (2021). Teletrabajo. *Estudio jurídico desde la perspectiva de la seguridad y salud laboral*, Navarra, Aranzadi, p. 140.

217 Sobre estas circunstancias, es decir, cuando la persona trabajadora utiliza las redes sociales como medio para violentar y/o acosar a otra persona asociada con el trabajo ha sido objeto de un tratamiento extenso en la doctrina judicial. Lo que ha requerido llevar a cabo una ponderación entre el derecho a la libertad de expresión y el derecho a la integridad física, priorizando la protección de este último en un gran número de pronunciamientos por la gravedad de los hechos y el daño efectuado a la persona. Recursos de suplicación núm. 435/2010 (AS 2010\1854). Recurso de suplicación núm. 4927/2011 (JUR 2012\108833). Recurso de suplicación núm. 1091/2013 (JUR 2014\120143). Recurso de suplicación núm. 2941/2014 (JUR 2014\2738). Recurso de suplicación núm. 509/2014 (JUR 2014\196729). Recurso de suplicación núm. 3001/2015

Así, desde la doctrina laboralista se identifica al acoso cibernético como aquel "uso más oscuro de las redes sociales (…) fabricado mediante la interacción entre un factor organizativo (la transformación digital de las empresas) y otro social (conectividad mediante redes sociales y dispositivos propios de las personas trabajadoras, al margen de la titularidad de la empresa)[219]".

El tratamiento de las conductas que tuvieran una connotación referida a un acoso sexual[220] o acoso por razón de sexo[221] en el medioambiente laboral han obtenido una previsión específica *ex* art. 7 de la Ley Orgánica 3/2007, de

---

(JUR 2015\281582). Recurso de suplicación núm. 3001/2015 (JUR 2015\281582). Recurso de suplicación núm. 1240/2016 (AS 2018\415). Recurso de suplicación núm. 1/2016 (JUR 2016\97676). Recurso de suplicación núm. 1309/2016 (JUR 2017\174154). Recurso de suplicación núm. 1648/2017 (AS 2019\253). Recurso de suplicación núm. 246/2018 (AS 2019\253). Recurso de suplicación núm. 1648/2017 (AS 2019\253). Y, sin embargo, también es posible identificar procedimientos en los en ejercicio de la actividad sindical se lleva a cabo a través de una campaña de desprestigio en redes sociales, presa y medios, pero "esta manifestación de la actividad sindical, más o menos cruenta, es solo expresión de las relaciones laborales ante el conflicto planteado", por lo que constituye un mero "rechazo expresado por vía sindical a la actitud de la actora". Por lo que, no es posible calificar este tipo de actuaciones como un riesgo a efectos preventivos a tenor de los preceptos de la LPRL. De tal manera que para el caso de que ciertas manifestaciones anónimas e individualizadas pudieran constituir calumnia e injuria, la víctima dispone de la vía penal para poner fin a esta persecución. Recurso de suplicación núm. 799/2018 (JUR 2019\37946).

218 MIÑARRO YANINI, M. (2020). "La incidencia de las tecnologías de la información y de la comunicación en la seguridad y salud en el trabajo. Protección de datos y prevención de riesgos. Violencia tecnológica en el trabajo. Medios de prevención", *Revista Documentación Laboral*, nº 119, p. 22.

219 MOLINA NAVARRETE, C. (2019). *El ciberacoso en el trabajo*, Madrid, Wolters Kluwer, p. 53.

220 "constituye acoso sexual cualquier comportamiento, verbal o físico, de naturaleza sexual que tenga el propósito o produzca el efecto de atentar contra la dignidad de una persona, en particular cuando se crea un entorno intimidatorio, degradante u ofensivo".

221 "Cualquier comportamiento realizado en función del sexo de una persona, con el propósito o el efecto de atentar contra su dignidad y de crear un entorno intimidatorio, degradante u ofensivo".

22 de marzo, para la igualdad mujeres y hombres (en adelante, LOI). Y, para paliar y prevenir este tipo de conductas reprochables, se insta en el art. 48 del mismo cuerpo normativo a la empresa a promover y articular procedimientos específicos a través de canales de denuncias o reclamaciones internas a posibles víctimas. Del mismo modo, deberá coordinarse con los RLT para elaborar y difundir códigos de conducta que reflejen buenas prácticas en este sentido, así como actividades de formación como de sensibilización a la totalidad de la plantilla para lograr una concienciación y propiciar una lucha interna a fin de evitar la aparición de este tipo de situaciones.

De forma reciente ha tenido lugar la aprobación del Convenio nº 190 de la OIT, sobre violencia y el acoso[222], al que acompaña la Recomendación nº 206[223]. La importancia de este Convenio radica en varios aspectos que pasan a ser analizados. En primer lugar, en el art. 1 lleva a cabo una diferenciación entre la expresión violencia y acoso y violencia y acoso por razón de género, aunque aclara que los Estados miembros podrán decidir si optar por una definición conjunta y amplia o seguir esta opción de diversificar conceptualmente ambos términos.

En segundo lugar, respecto al ámbito de aplicación, *ex* art. 3, determina el campo de protección a aquellas actuaciones que impliquen "la violencia y el acoso en el mundo del trabajo que ocurren durante el trabajo, en relación con

---

222 C190-Convenio sobre la violencia y el acoso, 2019 (núm. 190). Ratificado por España el 25 de mayo de 2022 y con entrada en vigor el 25 de mayo de 2023.

223 R206-Recomendación sobre la violencia y el acoso, 2019 (núm. 206). Por el interés y la importancia de la materia es posible remitirse en profundidad a los siguientes estudios en los que se analiza de forma pormenorizada el Convenio nº 190 de la OIT. LOUSADA AROCHENA, F. (2019). "El Convenio 190 de la Organización Internacional del Trabajo sobre la violencia y el acoso en el trabajo", *Revista de Derecho Social*, nº 88, pp. 55-74. DE VICENTE PACHÉS, F. (2020). "El convenio 190 OIT y su trascendencia en la gestión preventiva de la violencia digital y ciberacoso en el trabajo", *Revista de Trabajo y Seguridad Social-CEF*, nº 448, pp. 69-106.

el trabajo o como resultado del mismo". Desde la perspectiva locativa, propone una interpretación amplia que abandona la simple percepción de la comisión en el lugar de trabajo físico, previendo, entre otros, aquellos lugares en los que las personas trabajadoras se encuentren vinculadas con su lugar de trabajo por medio de la tecnología como puede ser el caso del teletrabajo[224].

En consecuencia, ello implica que el medio o cauce por el que se decide acometer pueda ser a través de las herramientas digitales con independencia de la titularidad de estas, así como externalizar y agravar la actuación acometida al público en general por medio de las redes sociales[225]. Y, por desgracia, las herramientas digitales permiten precisamente que este tipo de agresiones tengan lugar de forma repetida y reiterada en el tiempo, en tanto en cuanto, la persona o personas que accionan contra la víctima determinan la frecuencia con la que se producirá el hostigamiento[226] y, que serán determinantes, al momento de evaluar el daño causado a la víctima, personal y profesional, en su salud, integridad física y psíquica[227] por la disrupción e intromisión generada en contra de su voluntad[226].

---

224 PONS CARMENA, M. (2020). "Aproximación a los nuevos conceptos sobre violencia y acoso en el trabajo a partir de la aprobación del Convenio OIT 190", *Revista Labos*, vol. 1, nº 2, p. 55.

225 MIÑARRO YANINI, M. (2020). "La incidencia de las tecnologías de la información y de la comunicación en la seguridad y salud en el trabajo. Protección de datos y prevención de riesgos. Violencia tecnológica en el trabajo. Medios de prevención", *ob., cit.*, p. 26.

226 En este sentido se prevé una concepción amplia del término, entre ellas, el empresario, otros trabajadores de la plantilla, clientes, proveedores, trabajadores externos en las instalaciones. Recurso de suplicación núm. 846/2018 (JUR 2019\53883), párrafo primero.

227 De acuerdo con la doctrina constitucional, STC 56/2019, de 6 de mayo, "los objetivos del acoso laboral pueden ser de lo más variado: represaliar a un trabajador poco sumiso, marginarle para evitar que deje en evidencia a sus superiores, infundirle miedo para promover el incremento de su productividad o satisfacer la personalidad manipulativa u hostigadora del acosador (el llamado acoso "perverso"), entre otros". Por ello, reconoce el TC que existe un "carácter pluriofensivo del acoso laboral", que atenta contra "la dignidad de la persona (artículo 10), así como la integridad física y moral sin que,

Precisamente, una de las particularidades que ha sido señalada reiteradamente en estas líneas es las facilidades que permiten las herramientas tecnologías para comunicar y conectar sin importar el elemento locativo y el elemento temporal[229]. Ello supone que "podrían incluirse otro tipo de sucesos acaecidos fuera de los límites espaciales expuestos y perpetrados también fuera del horario y jornada laboral a consecuencia del trabajo[230]".

En materia preventiva, el art. 9 del Convenio insta a los Estados miembros a adoptar una legislación específica que exija a los empleadores tomar una actuación apropiada para prevenir la violencia y acoso en el medioambiente la-

---

en ningún caso, puedan ser sometidos a torturas ni a penas o tratos inhumanos o degradantes (artículo 15), y el derecho al honor, a la intimidad personal y familiar y a la propia imagen (artículo 18); y encomienda al tiempo a los poderes públicos, en el artículo 40.2, el velar por la seguridad e higiene en el trabajo". Recurso de amparo núm. 901/2018 (RTC 2019\56).

228 Siguiendo la teoría expuesta por DE VICENTE PACHÉS, F. (2020). "El convenio 190 OIT y su trascendencia en la gestión preventiva de la violencia digital y ciberacoso en el trabajo", *ob., cit.*, pp. 77-80.

229 En cuanto al acoso cibernético laboral, MOLINA NAVARRETE refleja la potencialidad que puede inferir el uso de las nuevas tecnologías en este ámbito. Por un lado, porque el anonimato como *animus* principal del perpetrador de la acción. Por otro lado, el carácter que puede adquirir la difusión pública a la colectividad en general, no solo al ámbito de la empresa que puede ocasionar un efecto aún más dañino para la persona. Así mismo y como particularidad de la digitalización, sería prácticamente imposible poner freno a la propagación externa a efectos de publicidad de la conducta perturbadora en cuestión, y que como se ha puesto de manifiesto, puede tener lugar dentro y fuera de los horarios y lugar de trabajo. Por tanto, las posibilidades de acometer este tipo de actuaciones se magnifican siendo posible llevarlas a cabo en cualquier momento, lugar y a través de diferentes medios (correo electrónico, redes sociales, WhatsApp). MOLINA NAVARRETE, C. (2019). "Redes sociales digitales y gestión de riesgos profesionales: prevenir el ciberacoso sexual en el trabajo, entre la obligación y el desafío", *Diario La Ley*, nº 7871, p. 9.

230 YAGÜE BLANCO, S. (2021). "Violencia y acoso en el trabajo: Un análisis del nuevo concepto a la luz del 190º convenio de la OIT", *Revista Inclusiones: Revista de Humanidades y Ciencias Sociales*, vol. 8, nº extra-4, p. 35.

boral[231]. Ello puede revertir, como señala a continuación, en medidas como; la elaboración de una política relativa a la violencia y acoso que sea consultada con las personas trabajadoras y sus representantes; una adecuada gestión de la violencia y el acoso desde la perspectiva de la seguridad y salud tomando en consideración los riesgos psicosociales asociados a estas actuaciones; identificación de las posibles acciones de violencia y acoso, su evaluación a efectos de prevención y la adopción de un seguimiento a efectos de control; y, por último, facilitar a las personas trabajadoras la información relativa a los peligros y riesgos que genera la violencia y acoso en el trabajo en todas sus modalidades (presencial, a distancia, en remoto o teletrabajo) así como las pautas de protección y acción ante tales actitudes como las posibles sanciones que pudieran adoptarse a tal efecto.

Por un lado, un sector de la doctrina se posiciona a favor de que, una vez que fuera ratificado el Convenio nº 190 por España, sería necesario integrar el tratamiento de la violencia y acoso laboral de forma específica en la LPRL abandonando la interpretación y el acomodo implícito en el tratamiento de los riesgos psicosociales[232].

No obstante, también hay quienes apoyándose en la doctrina judicial al respecto manifiestan que actualmente

---

231 La STC 224/1999 construye el concepto de acoso en la vertiente sexual, reconocido como aquel "atentado a una parcela tan reservada de una esfera personalísima como es la sexualidad, en desdoro de la dignidad humana (art. 10.1 C.E.), sin olvidar tampoco la conexión que en ocasiones pueda trabarse con el derecho de la mujer a no ser discriminada por razón de su sexo cuando tales comportamientos agresivos, contrarios a los valores constitucionales, puedan afectar todavía en el día de hoy, más a las mujeres que a los hombres (art. 14 C.E.). Y, en suma, "consiste en un comportamiento de carácter libidinoso no deseado por generar un ambiente laboral desagradable, incómodo, intimidatorio, hostil, ofensivo o humillante para el trabajador". Recursos de amparo núm. 892/1995 (RTC 1999\224).

232 VELÁZQUEZ FERNÁNDEZ, M. (2019). "El Convenio 190 de la OIT sobre violencia y acoso en el trabajo: principales novedades y expectativas", *Estudios financieros-Revista de trabajo y seguridad social: comentarios, casos prácticos, recursos humanos*, nº 437-438, p. 134.

existe un marco jurídico contundente en esta materia[233], es decir, el empresario *ex* art. 4.2 e), d) y 19 ET, arts. 14 y 16 LPRL, debe adoptar una política de prevención de riesgos laborales que permita atajar la violencia y acoso en el trabajo en las diferentes modalidades por las que podría tener lugar[234]. Por tanto, sobre el empresario pesa la obligación, con independencia del canal, analógico o digital, de "garantizar la seguridad y salud de las personas trabajadoras en todos los aspectos relaciones con su trabajo[235]"

En definitiva, dicha obligación se traduce en la práctica en la necesidad de adoptar las medidas necesarias para erradicar tales riesgos psicosociales emergentes examinados, violencia y acoso cibernéticos, *ex* art. 4 LPRL, así como

---

233 No obstante, el TS en la sentencia 7551/2008 expuso que, si bien es cierto que el régimen de responsabilidad de la empresas determinadas en los arts. 14 y 15 LPRL en cuanto a la "prevención de riesgos laborales, evaluación de riesgos, información, consulta y participación y formación de los trabajadores con el objeto de garantizar la seguridad y salud de éstos, se refieren al propio entorno laboral en la que desarrollan su trabajo, es decir, que habrá de hacerse de manera adaptada a las peculiaridades de cada centro de trabajo, a las particularidades de las personas que prestan en él sus servicios y a la concreta actividad laboral que realicen", no significa que, respecto a las situaciones de acoso y violencia en el trabajo, pueda abarcar "la prevención en un ámbito tan cambiante e impredecible como es el campo de las relaciones humanas entre los trabajadores que coinciden, incluso por azar, en el desempeño de su cometido laboral". De tal modo que, apoyándose en el informe del Ministerio Fiscal, consideró que no es posible abarcar todos y cada uno de los riesgos potenciales que puedan ocurrir en virtud de la relación laboral entre dos personas de distinto sexo u orientación sexual. Y, reconocer esta posibilidad, podría implicar una carga negativa para el empresario ya que acometería una vulneración de la intimidad de las personas trabajadoras por la implementación de sistemas de vigilancia. Nº recurso suplicación 178/2008, Id Cendoj: 28079140012008100908. Disponible en https://www.poderjudicial.es/search/AN/openDocument/d176ac6b39726987/20090312

234 MOLINA NAVARRETE, C. (2020). "La obligación de prevenir la violencia y el acoso cibernéticos en el trabajo como riesgos psicosociales emergentes", *Diario La Ley*, nº 11280, p. 6.

235 Recurso de suplicación núm. 1239/2019 (RTC 2019\224717), fundamento jurídico segundo.

el deber de identificarlos y predecirlos *ex* art. 14 y 16 LPRL y, en caso de no poder eliminarlos, efectuar una planificación *ex* art. 15 g) LPRL que tenga en cuenta precisamente el contexto digital como factor ambiental determinante en este sentido.

6.5. LA ADICCIÓN AL TRABAJO O *WORKAHOLISM*

La adicción al trabajo es una patología que cuenta con un arraigo singularmente aceptable en el ámbito de las relaciones laborales e incluso socialmente aceptada y valorada, porque se ha realzado el valor del poder y el éxito como principios que inexcusablemente deben ser alcanzados.

La doctrina señala a Oates como el primer artífice que se adentró a su estudio señalando que la persona trabajadora que sufre esta patología laboral reproduce una necesidad incontrolada y excesiva de trabajar que conlleva como efectos adversos problemas en su salud, en las relaciones personales y familiares[236]. En suma, la NTP 759, lleva a cabo una definición mucho más amplia puesto que lo identifica como "un daño psicosocial caracterizado por el trabajo excesivo debido fundamentalmente a una irresistible necesidad o impulso de trabajar constantemente[237]".

El aspecto más relevante de esta definición es que al identificarlo como daño psicosocial *ex* art. 4.3 LPRL, el empresario debe acometer las actuaciones preventivas necesarias para garantizar la prevención y protección, *ex* art. 14.2 y 3, 15 y 16 LPRL, de las personas trabajadoras frente a este tipo de riesgo psicosocial y que la NTP 759 recomienda que sean actuaciones orientadas a la identificación, prevención primara (proceso de adaptación, formación en habilidades

---

236 SCOTT, K. MOORE, K. MICELI, M. (1997). An exploration of the meaning and consequences of workaholism, *Human Relations*, vol. 50, nº 3, pp. 292-295.

237 AAVV. (2007). "La adicción al trabajo", *Instituto Nacional de Seguridad e Higiene en el Trabajo*, p. 1.

sociales, gestión del tiempo y conciliación), prevención secundaria (grupo de apoyo, *coaching* personal, planificación de la carrera profesional) y prevención terciaria (asesoramiento, atención psicológica personal).

En cuanto a las características o la configuración de esta patología, Scott, Moore y Miceli, señalan que integra, al menos, tres elementos fundamentales que pasan a ser examinados[238].

En primer lugar, la discrecionalidad que dispone la persona trabajadora para dedicarse a las actividades laborales. Téngase en cuenta que el desarrollo de la prestación laboral a través de la fórmula del trabajo podría, en caso de adoptar las medidas de control y registro de la jornada máxima diaria, una difuminación o polarización de dos ámbitos totalmente opuestos, el tiempo de trabajo y el tiempo de descanso. En este sentido, cuando la persona trabajadora dedica su actividad laboral desarrollada mediante teletrabajo en su domicilio puede perder la noción de tiempo de trabajo y tiempo de ocio, e incluso proceder a conectar y reconectar continuamente por la disponibilidad locativa y digital para efectuarla. Lo que, en cierto modo, justifica la necesidad de que el empresario adopte las medidas necesarias para cumplir con el respeto y la garantía de la desconexión digital *ex* art. 88 LOPD.

En segundo lugar, otro elemento sería que la persona trabajadora piense más allá de la jornada de trabajo en el trabajo, bien porque intenta organizar el trabajo que quedó pendiente o bien porque piensa que va a hacer cuando vuelva a comenzar su jornada diaria. Así, la persona traba-

---

238 SCOTT, K. MOORE, K. MICELI, M. (1997). "An exploration of the meaning and consequences of workaholism", *ob., cit.*, pp. 292. FERNÁNDEZ-MONTALVO, J. ECHEBURÚA, E. (1998). "Laborodependencia: cuando el trabajo se convierte en adicción", *Revista de Psicopatología y Psicología Clínica*, vol. 3, nº 2, p. 106-107. DEL LÍBANO, M. SCHAUFELI, S. SALANOVA, M. (2006). "Adicción al trabajo: concepto y evaluación (I)", *Gestión Práctica de Riesgos Laborales*, nº 27, p. 25.

jadora puede percibir que no ha sido lo suficientemente eficiente o productivo generando un sentimiento negativo que le invita a revertir esta situación para alcanzar un sentimiento placentero[239] y, que, en el caso de efectuar su prestación en el domicilio, no encontraría a *priori* excesivas dificultades para ello. Esta situación genera una situación de intranquilidad emocional que autodestruye emocionalmente a la persona trabajadora porque no le permite "desconectar" totalmente del trabajo y disfrutar plenamente de su tiempo de ocio y conciliación personal y familiar.

Y, el último elemento vendría a ser, en íntima conexión con el anterior, que la persona trabajadora trabaje siempre más allá de los requerimientos establecidos. De esta manera, se produce y se manifiesta en la práctica la sobre implicación excesiva en la actividad laboral que conllevan una dedicación abrumadora a obligaciones *extra* por la falta de satisfacción y realización.

En consecuencia, la persona trabajadora se subsume en una burbuja personal y laboralmente perversa, en la que las horas de trabajo aumentan considerablemente desapareciendo por completo, el tiempo atribuido al descanso. De ahí, que la persona trabajadora se convierta en un adicto al trabajo que conlleva una pérdida de la calidad de vida, de la salud y de en las relaciones personales y familiares[240].

---

239 En este estudio los autores demuestran que los adictos al trabajo presentan un patrón común, el bienestar, al alcanzar puntuaciones significativas en satisfacción, interés, dedicación e incluso placer. Y que, precisamente, inciden en que un aspecto crucial es el valor de la sociedad por la alta implicación en el trabajo. *Vid.* AAVV. (2003). "¿Existen relaciones significativas entre adicción al trabajo y satisfacción?", Fòrum de Recerca, nº 9, pp. 1-10. También en DEL LÍBANO, M. SCHAUFELI, S. SALANOVA, M. (2006). "Adicción al trabajo: ¿un fenómeno positivo o negativo?", *Fòrum de Recerca*, nº 10, pp. 1-10.

240 De hecho, pese a que en un primer momento podría relacionarse la adicción al trabajo con un aspecto positivo, los estudios recientes demuestran estas afirmaciones negativas en las personas trabajadoras. *Vid.* DEL LÍBANO, M. SCHAUFELI, S. SALANOVA, M. (2010). "Validity of a brief workaholism scale", *Psicotherma*, vol. 22, nº 1, p. 143-150.

De hecho, una parte de la doctrina considera que las conductas adictivas están asociadas a dos refuerzos, positivo y negativo. El primero, responde a una estimulación que produce un sentimiento placentero de bienestar emocional a la persona trabajadora y, la segunda, generándole un alivio tensional. Por ello sugiere que es necesario distinguir entre una persona trabajadora que aplica compromiso, implicación o dedicación con sentido de la responsabilidad y cuya identificación el trabajo responde a un orgullo y satisfacción con la prestación que desarrolla. De una persona trabajadora adicta al trabajo, que solo interpreta la satisfacción personal a través del trabajo, y lo utiliza para aumentar su autoestima personal, despojando así otros aspectos de la vida[241].

6.6. EL AISLAMIENTO Y LA SOLEDAD

Como se ha mostrado con anterioridad, los problemas de salud mental se han podido ver agravados por el uso de las tecnologías como medio de desarrollo de la prestación laboral. Los niveles de estrés, el agotamiento mental que produce el uso de las tecnologías, la ansiedad de acabar con el trabajo para conciliar y el propio desánimo por la acumulación de tareas afectan negativamente a la salud de las personas trabajadoras[242]. Es por ello por lo que la labor de evaluación y gestión de los riesgos de las empresas se sitúa como el instrumento por el cual se pueden aplicar

---

241 FERNÁNDEZ-MONTALVO, J. ECHEBURÚA, E. (1998). "Laborodependencia: cuando el trabajo se convierte en adicción", *ob. cit.*, p. 106-107.

242 En este sentido Eurofound constata un vínculo claro entre el uso de las TIC en el trabajo y los resultados de la salud. Como, por ejemplo, las altas demandas cuantitativas de trabajo, la mala praxis de la flexibilidad del tiempo de trabajo o el presentismo visual. Factores que en entornos de trabajo a distancia pueden puedan adquirir especial trascendencia alterando el bienestar laboral. Eurofound. (2020). *Telework and ICT-based mobile work: Flexible working in the digital age, ob.cit*, p. 43.

medidas preventivas adaptadas a las nuevas especificidades del lugar de trabajo[243].

Y, de hecho, los problemas de salud mental se han agravado fruto de esta experiencia en la que destaca, principalmente, el uso extenuado y prolongado de personas trabajadoras y tecnologías como medio principal de desarrollo de la prestación laboral. En el teletrabajo, a diferencia de los anteriores riesgos examinados que son comunes a otras formas de desarrollo de la prestación laboral en las que también existe interactuación entre personas trabajadoras con herramientas tecnológicas, existe un "riesgo diferenciador", el aislamiento[244].

Es evidente que mediante el desarrollo del teletrabajo por la persona trabajadora y tomando en consideración su acepción más estricta de desarrollo individual en solitario tanto en el domicilio como en el lugar en el que haya elegido *ex* art. 2 Ley 10/2021, se produce un aislamiento social que merma su salud mental y emocional. Así mismo, es un riesgo que se caracteriza por la dificultad de aplicar en su prevención, evaluación y control un estándar objetivo y específico por las heterogéneas personalidades que pudieran existir y que no recomendarían su aplicación genérica[245].

---

243 *Vid.* la Guía EU-OSHA "COVID-19: REGRESO AL LUGAR DE TRABAJO Adaptación de los lugares de trabajo y protección de los trabajadores" En la guía se recogen al igual que en el caso de la OIT, recomendaciones no vinculantes. Se pretende ayudar a los empresarios y a los trabajadores a mantenerse seguros y sanos en un entorno de trabajo que ha cambiado significativamente debido a la pandemia de COVID-19. Además, aportan asesoramiento sobre cómo evaluar los riesgos y las medidas necesarias a adoptar, como minimizar la exposición, reanudar el trabajo, hacer frente a las ausencias y gestionar a los trabajadores que trabajan desde casa. Recuperado de https://osha.europa.eu/es/publications/covid-19-back-workplace-adapting-workplaces-and-protecting-workers/view

244 SIERRA BENÍTEZ, E. M. (2013). "La nueva regulación del trabajo a distancia", *Revista Internacional y Comparada de relaciones laborales y derecho del empleo*, 2013, nº 1, p. 28.

245 IGARTUA MIRÓ, Mª. T. (2021). Teletrabajo y riesgos psicosociales: la imperiosa necesidad de reforzar la tutela preventiva, *Trabajo, Persona, Derecho, Mercado: Revista de Estudios sobre Ciencias del Trabajo y*

El aislamiento social de la persona trabajadora en la modalidad de teletrabajo puede conllevar a sufrir, como dispone la NTP 344[246], "una carga psíquica que podría traducirse en un sentimiento de soledad, y/o angustia". Ello podría suponer que la persona trabajadora pudiera sufrir fatiga física, intelectual o en el plano psíquico aumentando considerablemente las probabilidades de toma de decisiones erróneas, falsas manipulaciones o improvisaciones peligrosas.

6.7. LA FATIGA VISUAL: LA EXPOSICIÓN A LAS PANTALLAS DE VISUALIZACIÓN

En adición, otro de los riesgos a los que se enfrentan las personas teletrabajadoras es la fatiga visual por el uso de pantallas de visualización de datos. A este respecto, el legislador español ha dictado una norma, el Real Decreto 488/1997, de 14 de abril, sobre disposiciones mínimas de seguridad y salud relativas al trabajo con equipos que incluyen pantallas de visualización, en el que se regula específicamente este riesgo.

En este sentido, no debe de olvidarse que, de conformidad con las reglas generales integradas en la LPRL, el empresario debe adoptar las medidas preventivas necesarias a fin de eliminar o, en su caso, mitigar los riesgos para la seguridad y salud. Y, precisamente, para el caso concreto del uso de pantallas de visualización deberá llevar a cabo la evaluación tomando en consideración aspectos como el tiempo promedio de utilización diaria del equipo, el tiem-

---

Protección Social, 2021, nº 3, p. 186. En el mismo sentido, SIERRA BENÍTEZ, E. M., *Buenas y/o "malas" prácticas jurídico-laborales en el teletrabajo como fórmula de implantación del trabajo remoto en las empresas privadas, ob.cit.*, p. 39.

246 NTP 344. ONCINS DE FRUTOS, M. (1994). NTP: 334: Trabajos en situación de aislamiento, *Instituto Nacional de Seguridad, Salud y Bienestar.*

po máximo de atención continua a la pantalla requerido por la tarea habitual y el grado de atención que exija dicha tarea, *ex* art. 3.2 RD 488/1997.

Una vez que se haya realizado la evaluación y se obtengan los resultados se adoptarán, de forma práctica, "todas aquellas medidas técnicas u organizativas necesarias para eliminar o reducir el riesgo al mínimo posible", *ex* art. 3.3 RD 488/1997. En concreto, se prevén actuaciones como: disminución del tiempo de exposición frente a la pantalla de visualización de datos, establecimiento de una organización de tareas, así como las pausas de tiempo durante la jornada[247].

Por otro lado, una discusión abierta en materia de teletrabajo, en virtud de la obligación asumida por el empresario respecto a la vigilancia y seguridad de la salud de su plantilla y tras el análisis de las patologías psicosociales, se plasma en el régimen voluntario u obligatorio del reconocimiento médico. Esta cuestión se justifica en el conjunto de riesgos a los que se enfrenta la persona trabajadora al iniciar el teletrabajo y, además, la posibilidad de ser especialmente vulnerable a los riesgos psicosociales. No debe perderse de vista que, *ex* art. 22.1 LPRL, el cumplimiento de esta obligación legal impuesta a la empresa atiende a un criterio de "vigilancia periódica" careciendo de un carácter terapéutico puesto que el objetivo es recabar la información necesaria para efectuar una óptima planificación preventiva[248].

---

247 En este punto, la doctrina se ha mostrado muy crítica respecto al papel que está ejerciendo el Convenio Colectivo, un desinterés prácticamente absoluto, respecto a aspectos como las pausas, la vigilancia de la salud, la formación preventiva, la compensación o entrega de dispositivos correctores, así como su propia delimitación. *Vid.* IGARTUA MIRÓ, M. T. (2023). ¿Está obligado el empresario a pagar las gafas graduadas a los trabajadores con PVD? La respuesta es sí, con bastantes matices. Comentario a la STJUE (Sala Segunda) de 22 de diciembre de 2022 (asunto C-392-21), *Revista Trabajo y Derecho,* nº 100, p. 11.

248 RODRÍGUEZ ESCANCIANO, S. (2020). *Los riesgos psicosociales en el teletrabajo a domicilio bajo las coordenadas de la nueva economía "low touch"*, p. 685, en AA.VV. Accidentes de trabajo y enfermedades pro-

A este respecto, debe tenerse en cuenta que el reconocimiento médico cuenta con un carácter voluntario, salvo cuando "sea imprescindible para evaluar los efectos de las condiciones de trabajo sobre la salud de los trabajadores o para verificar si el estado de salud del trabajador puede constituir un peligro para el mismo, para los demás trabajadores o para otras personas relacionadas con la empresa o cuando así esté establecido en una disposición legal en relación con la protección de riesgos específicos y actividades de especial peligrosidad", *ex* art. 22.1 LPRL.

No obstante, desde la doctrina existen voces que se posicionan a favor de implantar con carácter obligatorio los reconocimientos médicos en la modalidad de teletrabajo; oftalmológico, osteomuscular y de carácter psicológico[249]. El motivo por el que la doctrina justifica esta propuesta —totalmente compartida— es efectuar una vigilancia a fin de evaluar los posibles efectos negativos de esta modalidad y así garantizar y preservar a través de una vigilancia *ex ante*, durante y *ex post*, de conformidad con los arts. 22.1 LPRL y 4.1 RD 488/1997, la salud de las personas trabajadoras.

Esta actuación preventiva está respaldada, *ex* art. 4.2 RD 488/1997, por el derecho a favor de las personas teletrabajadoras, en caso de que los resultados así lo justificasen, a una revisión oftalmológica.

Sobre esta situación, es decir, la exposición prolongada de las personas trabajadoras ante pantallas de visualización se ha planteado un interesante debate tras la STJUE de 22 de diciembre de 2022 C-392/21. La problemática en este caso se planteó respecto al reembolso que solicita la persona trabajadora a la empresa por los gastos asumidos ante la renovación de sus gafas graduadas tras sufrir una disminución de su agudeza visual. En definitiva, si de conformidad

---

fesionales. Experiencias y desafíos de una protección social centenaria: Tomo II. IV Congreso Internacional y XVII Congreso Nacional de la Asociación Española de Salud y Seguridad Social.

249 SIERRA BENÍTEZ, E. M. (2011). *El contenido de la relación laboral en el teletrabajo, ob.cit.*, p. 275-276.

con el apartado tercero del art. 9 de la Directiva 90/270, debe interpretarse que las gafas graduadas son un dispositivo corrector especial y, si, además, si "tales dispositivos se circunscriben a los utilizados exclusivamente en el ámbito profesional".

Con carácter previo a la sentencia se dictaron el 14 de julio de 2022 las conclusiones definitivas de la Abogada General en las que se apoyaría la decisión final del TJUE. A este respecto, en su análisis sobre los conceptos dispositivos correctores, dispositivo corrector normal y especial, realiza la siguiente distinción:

a) El término dispositivo corrector fue sustituido por el término "gafas" que figuraba en la propuesta de Directiva. Por dispositivo corrector puede entenderse, no solo las gafas, sino, además, aquel dispositivo que permita corregir "los trastornos de la vista o evitar su deterioro" y, como ejemplo, señala los filtros de luz azul de las pantallas.

b) Los dispositivos correctores normales, serían aquellos dispositivos que puede llevar la persona trabajadora en su vida cotidiana y que no guardan "relación específica con el trabajo". Por lo tanto, la abogada general se mostró rotunda al afirmar que sería un buen ejemplo de ello "un cambio de lentes de rutina anual de una persona que ya lleva gafas y que sufre miopía desde la infancia" así como "unas lentes que hayan sido prescritas por un médico o por un optometrista para corregir problemas oculares o trastornos en la vista de tipo general, pero que también sean aptas para trabajar con equipos que incluyan pantallas de visualización, sin que hayan sido prescritas para efectuar dicha actividad".

c) Los dispositivos correctores especiales, *a sensu contrario,* permite corregir aquello que el normal puede conseguir a fin de corregir el diagnóstico ocular. Este sería el caso de aquéllas "gafas para ordenador" prescritas para trabajador con pantallas de visualización.

En suma, aclara dos aspectos fundamentales: por un lado, para que la persona trabajadora pueda beneficiarse de este derecho no resulta necesario que el trabajo con pantallas de visualización de datos sea imposible sin las gafas como dispositivo corrector y, por otro, que no resulta obligatorio para beneficiarse de este dispositivo corrector especial acreditar una exclusiva relación causal entre el deterioro visual y el trabajo con pantallas de visualización de datos.

Entrando en el análisis de la sentencia, el TJUE apoya en su mayoría el criterio mantenido por la Abogada General. De tal modo, concluyó que en virtud de los apartados 3 y 4 del art. 9 de la Directiva 90/270 se debe interpretar que, efectivamente, el empresario deberá proporcionar a las personas trabajadoras las gafas graduadas como dispositivo corrector especial a fin de corregir y prevenir trastornos visuales por el trabajo con pantallas de visualización de datos. Y, por otro lado, esta obligación del empresario puede cumplirse "bien mediante la entrega directa de dicho dispositivo por parte del empresario, bien mediante el reembolso de los gastos que el trabajador haya tenido que efectuar, pero no mediante el abono al trabajador de un complemento salarial de carácter general".

En definitiva, este pronunciamiento del TJUE encaja con la redacción actual del art. 4.3 RD 488/1997 al declarar lo siguiente: "el empresario proporcionará gratuitamente a los trabajadores dispositivos correctores especiales para la protección de la vista adecuados al trabajo con el equipo de que se trate, si los resultados de la vigilancia de la salud a que se refieren los apartados anteriores demuestran su necesidad y no pueden utilizarse dispositivos correctores normales".

Por lo tanto, en el caso de que una persona trabajadora y, en este caso teletrabajadora, que habitualmente y durante una parte relevante de su trabajo normal utilice un equipo con pantalla de visualización, *ex* art. 2 c) RD 488/1997, precise tras la valoración del médico responsable del proceso de vigilancia de su salud laboral que merece la adopción de un dispositivo corrector especial deberá ser sufragado por la empresa.

7. La exclusión de los riesgos psicosociales del cuadro de enfermedades profesionales: ¿existe alguna posibilidad real o remota para su inclusión?

En el estudio de los riesgos psicosociales, una cuestión sumamente controvertida y anexa a su análisis preventivo es la tutela reparadora. En este sentido, la temática sugiere abordar un tema controvertido y dar respuesta a la siguiente cuestión, ¿cómo se califican las dolencias asociadas a riesgos psicosociales sufridas por las personas trabajadoras?

En la actualidad existen diferentes modelos o sistemas de calificación de las enfermedades profesionales[250]. En primer lugar, el sistema de lista (cerrado o numerado) por el que única pueden considerarse enfermedades profesionales las que se encuentran incluidas en el catálogo aprobado. En segundo lugar, el sistema abierto caracterizado por su amplitud, es decir, en este sistema existe una calificación genérica sobre el conceto de enfermedad profesional siempre y cuando se acredite la relación causal entre la enfermedad contraída y la prestación laboral que realiza la persona trabajadora. De este modo, una vía de reconocimiento es a través de la calificación judicial de una enfermedad como profesional. Y, en tercer lugar, el sistema mixto que aglutina las notas de los sistemas anteriores, es decir, se determi-

---

250 *Vid.* LANTARÓN BARQUÍN, D. (2008). "Cuadro de enfermedades profesionales: una radiografía jurídica", *Revista Relaciones Laborales*, n 9, p. 418. FERNÁNDEZ COLLADOS, Mª.B. (2010). "Las enfermedades del trabajo", *Revista española de Derecho del Trabajo,* nº 146, pp. 19-22.

na una lista de enfermedades profesionales que puede ser "engrosada" por la incorporación de nuevas dolencias. Esta incorporación se justifica por una actualización del cuadro tras haberse constatado la manifestación de la enfermedad profesional en actividades o sectores distintos de los que ya han sido incorporados.

La preocupación por las dolencias y lesiones sufridas por las personas trabajadoras en el medio laboral fue acogida por la OIT desde sus inicios y que ha fructificado en varias disposiciones. En este punto pueden señalarse: el Convenio núm. 18, Convenio núm. 42, el Convenio núm. 121 y la Recomendación núm. 194, que permiten identificar la evolución legislativa sobre el sistema de clasificación de las enfermedades profesionales, distinción de agentes causantes y la elección de un modelo concreto por los Estados firmantes.

Trasladándonos al ámbito europeo, la política implementada por la Comisión Europea tomó como referencia el camino seguido por la OIT; no obstante, a través de una fórmula *soft law*. El objetivo primario fue alcanzar una coordinación entre los diferentes sistemas o regímenes de la Seguridad Social[251]. El punto de partida fue la Recomendación de la Comisión a los Estados miembros relativa a la adopción de una lista europea de enfermedades profesionales[252]; cuyo principal objetivo fue ofrecer "una legislación armonizada para asegurar una protección de igual naturaleza a todos los trabajadores en cada uno de los países de la Comunidad donde vayan a establecer su residencia y su lugar de trabajo".

---

251 POQUET CATALÁ, R. (2020). *El actual sistema de calificación de enfermedades profesionales, ¿hacia un nuevo modelo?*, Accidentes de trabajo y enfermedades profesionales. Experiencias y desafíos de una protección social centenaria: Tomo I. IV Congreso Internacional y XVII Congreso Nacional de la Asociación Española de Salud y Seguridad Social, pp. 445-446.

252 DOCE núm. 80, de 31 de agosto de 1962.

En un momento posterior, se dictó la Recomendación de la Comisión, de 20 de julio de 1966, a los Estados miembros referente a las condiciones de indemnización de las víctimas de enfermedades profesionales[253]. A diferencia de la primera, basada en un sistema de lista básica, este texto europeo se posicionó a favor de la idoneidad de un sistema mixto por el cual pudieran incluirse nuevas enfermedades profesionales cuyo origen laboral estuviera fehacientemente probado tras superar el proceso de investigación científica. Una apuesta que fue confirmada con la Recomendación de la Comisión, de 22 de mayo de 1990, relativa a la adopción de una lista europea de enfermedades profesionales[254].

Por último, con la aprobación de la Recomendación de la Comisión de 19 de septiembre de 2003 relativa a la lista europea de enfermedades profesionales[255] se proporcionó a los Estados miembros; una lista de enfermedades profesionales (Anexo I), la propuesta de una Lista de Enfermedades cuyo origen profesional se sospecha (Anexo II) y posible inclusión futura en el Anexo I e insta a que adopten actividades de investigación y sensibilización en el diagnóstico de estas enfermedades.

En el ordenamiento jurídico español y tras superar varias experiencias legislativas previas[256], se llevó a cabo una reformulación del cuadro de enfermedades profesionales. En este sentido, se aprobó el Real Decreto 1299/2006, de 10 de noviembre, por el que se aprueba el cuadro de enfermedades profesionales en el sistema de la Seguridad Social

---

253 DOCE núm. 147, de 9 de agosto de 1966.

254 DOCE núm. 160, de 26 de mayo de 1990.

255 DOCE núm. 238, de 25 de septiembre de 2003.

256 Ley de Bases de Enfermedades Profesionales, de 13 de julio de 1936. Decreto 792/1961, de 13 de abril, por el que se organiza el aseguramiento de las enfermedades profesionales y la Obra de Grandes Inválidos y Huérfanos de fallecidos por accidente de trabajo o enfermedad profesional. Real Decreto 1995/1978, de 12 de mayo, por el que se aprueba el cuadro de enfermedades profesionales en el sistema de la Seguridad Social.

y se establecen criterios para su notificación y registro (en adelante, RD 1299/2006). Este texto normativo llevó a cabo una adecuación interna de la Recomendación 2003/670/CEE fin de adaptarlo para tutelar los nuevos problemas de salud que comenzaban a suscitarse en la nueva realidad productiva de por aquel entonces.

El RD 1299/2006 introdujo un cuadro de enfermedades basado en un sistema de "doble lista" de conformidad con la normativa comunitaria[257]. Así, en pocas palabras, en nuestro ordenamiento jurídico tras la aprobación del RD 1299/2006 puede señalarse respecto a las enfermedades profesionales lo siguiente[258]:

- El Real Decreto 1299/2006 incorpora un sistema de doble lista en el que las enfermedades profesionales se clasifican en dos anexos: en el Anexo I se incluyen las enfermedades profesionales en sentido estricto y, en el Anexo II, las enfermedades cuyo origen profesional se encuentra bajo sospecha y pudieran ser incluidas en el futuro en el Anexo I.
- Se ha adoptado una propuesta más flexible respecto a la actualización del cuadro de enfermedades profesionales. A este respecto, se canaliza la actualización a través de dos vías; una caracterizada por ser más ágil que la otra respecto a su inclusión. Esta actuali-

---

257 De este modo, "el legislador español ha tratado de introducir algunas modificaciones que, sin provocar un cambio profundo del modelo, como sin duda sería preciso, sí busca dar un mayor dinamismo al funcionamiento del sistema de clasificación y, sobre todo, de la notificación de las enfermedades profesionales". MOLINA NAVARRETE, C. (2007). Nuevo cuadro de enfermedades profesionales, enfermedades del trabajo y riesgos psicosociales. ¿Una nueva oportunidad de modernización real perdida?, *Revista la Mutua*, nº 18, p. 24.

258 CAVAS MARTÍNEZ, F., "Las enfermedades profesionales ante el sistema español de seguridad social: una visión panorámica", pp. 54-55 en AAVV. (2007). *Las enfermedades profesionales desde la perspectiva de la seguridad social*, Ministerio de Trabajo e Inmigración. MORENO CÁLIZ, S. (2007). "Análisis de la reforma de las enfermedades profesionales virtudes y deficiencias", *Tribuna Social*, nº 203, pp. 15-16.

zación se principiará por el Ministerio de Trabajo y Economía Social y, además, requerirá *ex* art. 2.1 RD 1299/2006 informe previo del Ministerio de Sanidad y Consumo y de la Comisión Nacional de Seguridad y Salud en el Trabajo.

Por consiguiente, puede estarse de acuerdo con que la relación de causalidad es doble, "el de la sustancia-enfermedad y el de la actividad[259]". Por tanto, la presunción *iuris et de iure* está reconocida para aquellas enfermedades que han sido provocadas por la acción de sustancias o elementos concretos de conformidad con el Anexo I RD 1299/2006[260].

A tenor de lo expuesto, la doctrina ha señalado que el problema radica en "la carencia existente en materia de Seguridad Social de una normativa explícita y clarificadora sobre el tratamiento de las patologías psicosociales derivadas del trabajo[261]". La consecuencia en la práctica se ha materializado en que al no estar contemplados —los riesgos psicosociales— tanto en el Anexo I como en el Anexo II, su tratamiento reparador se ha reconducido a los accidentes de trabajo *ex* art. 156.2 e) LGSS[262]; ello ante la dificultad de

---

259 LANTARÓN BARQUÍN, D. (2008). "Cuadro de enfermedades profesionales: una radiografía jurídica", *ob.cit.*, p. 483.

260 Recurso de casación para la unificación de doctrina 1420/2010. Recurso de casación para unificación de doctrina núm. 170/2011).

261 SÁNCHEZ TRIGUEROS, C., CONDE COLMENERO, P. (2008). "La protección social y los riesgos psicosociales", *Anales de Derecho*, n° 26, p. 285.

262 Tal y como se recoge en la STSJ de Andalucía de 3 de mayo de 2022 (RJ 2008\67), "este espigueo por la doctrina jurisprudencial sirve de punto de partida para comprobar la existencia de una interpretación extensiva y evolutiva del concepto legal de accidente de trabajo con la finalidad de procurar la máxima tutela reparadora, dentro del marco jurídico actual, a los trabajadores afectados por la actualización de nuevos riesgos de carácter psicosocial hasta el extremo de que por parte de la doctrina científica se ha venido a calificar de «desbordamiento» de la noción de accidente de trabajo, sobre la base de una ampliación progresiva de sus elementos estructurales: el elemento subjetivo, las relaciones de causalidad y sobre todo la propia noción de «lesión corporal»".

discriminar si la dolencia se ha adquirido por el trabajo o por otras causas[263].

De hecho, desde la doctrina se ha planteado alguna propuesta de *lege ferenda* respecto a la inclusión de enfermedades relacionadas con riesgos psicosociales. Esta propuesta, apoyada en el art. 2.1 del RD 1299/2006, plantea la inclusión en el Anexo II un nuevo grupo (7) denominado "enfermedades provocadas por riesgos psicosociales, un nuevo agente (01) y código (C701) denominado "desórdenes mentales provocados por el trabajo[264]". Por otro lado, un sector doctrinal aboga por crear un verdadero sistema mixto de calificación de enfermedades profesionales. En este sentido, se propone que las enfermedades previstas *ex* art. 156.2 e), f) y g) LGSS sean reguladas en un nuevo art. 116 bis LGSS denominado "enfermedades del trabajo" con un verdadero tratamiento de enfermedades profesionales respecto a la "acción protectora, reparadora y preventiva[265]".

Y, por último, hay quien se inclina a favor dos alternativas. La primera, a través de la inclusión expresa en el Anexo I de las enfermedades psicológicas o mentales derivadas del trabajo; ejemplificando una enumeración con

---

263 MONEREO PÉREZ, J.L. (2009). "Medio ambiente de trabajo y protección de la salud: hacia una organización integral de las políticas públicas de prevención de riesgos laborales y calidad ambiental", *Relaciones laborales: Revista crítica de teoría y práctica*, nº 10, p. 508.

264 CONTRERAS HERNÁNDEZ, O. *La inclusión de los riesgos psicosociales en el cuadro de enfermedades profesionales: evidencias para una revisión legal*, en AA.VV. (2020). Accidentes de trabajo y enfermedades profesionales. Experiencias y desafíos de una protección social centenaria: Tomo I. IV Congreso Internacional y XVII Congreso Nacional de la Asociación Española de Salud y Seguridad Social, p. 442.

265 FERNÁNDEZ COLLADOS, Mª.B. "La flexibilización jurisprudencial del concepto de enfermedad laboral como respuesta al sistema de lista cerrada", p. 136, en AAVV. (2007). Las enfermedades profesionales desde la perspectiva de la seguridad social, Ministerio de trabajo e Inmigración. SEMPERE NAVARRO, A.V. (2001). "La protección de la enfermedad profesional: planteamientos para su modificación", *Revista Doctrinal Aranzadi social*, nº 5, p. 8.

una cláusula abierta. La segunda, un sistema mixto por el que se incorpore una definición general de las enfermedades profesionales con enumeración abierta a diferentes patologías[266].

Esta problemática venía siendo discutida por la doctrina incluso con anterioridad a la entrada en vigor del RD 1299/2006 a fin de solventar una actualización del catálogo de enfermedades profesionales en coherencia con las "contemporáneas formas de organización del trabajo[267]". En definitiva, este "mutismo absoluto" contrasta, según la doctrina laboralista, con el auge que ha ido adquiriendo la tutela preventiva en relación con los riesgos psicosociales. Por contraposición, en la tutela reparadora, parece que la situación actual se prolongará en el tiempo ya que no se prevé efectuar —en el corto y medio plazo— una profunda revisión del RD 1299/2006 por el legislador —Anexos I y II— con la consecuente exclusión y marginación de los trastornos psíquicos-mentales. Así, la tutela reparadora será

---

266 MOLINA NAVARRETE, C. FERNÁNDEZ AVILÉS, J., *Análisis jurídico-crítico del modelo español regulador de las enfermedades relacionadas con el trabajo de origen psicosocial: desafíos y propuestas de solución*, en AA.VV. (2018). Guía Calificación jurídica de las patologías causadas por riesgos psicosociales en el trabajo. Propuestas de Mejora, Secretaría de Salud Laboral y Medio Ambiente UGT-CEC, p. 184.

267 MOLINA NAVARRETE, C. (2001). "Una nueva patología de gestión en el empleo público: el acoso institucional (mobbing). Reflexiones a propósito de la STS 3ª, Sección 6ª, de 23 de julio de 2001, La Ley: *Revista jurídica española de doctrina, jurisprudencia y bibliografía*, nº 7, p. 1575. En el mismo sentido, CAVAS MARTÍNEZ sostiene que "en la nueva lista se aprecia, a nuestro entender, un excesivo apego a la industria, a los procesos industriales que, lógicamente, tienen una notable importancia en este ámbito, pero se prescinde de otros procesos productivos (...). En particular, resulta clamoroso y completamente injustificado el mutismo absoluto de la nueva lista en relación con los riesgos psicosociales (acoso laboral y sexual, estrés laboral, síndrome del quemado, etc.), cada vez más presentes en las modernas organizaciones productivas e inherentes a ciertas prestaciones de trabajo (profesionales de la sanidad, la enseñanza, etc.) los cuales no se contemplan, ni siquiera, en el anexo 2". CAVAS MARTÍNEZ, F. Las enfermedades profesionales ante el sistema español de seguridad social: una visión panorámica, en AAVV. (2007). *ob.cit*, p. 60.

reclamada *ex* art. 156.2 e LGSS bajo el recurso "amplio y flexible del accidente de trabajo[268]".

Una buena prueba de ello se refleja en la política comunitaria, el Marco estratégico sobre seguridad y salud en el trabajo 2021-2017. Pese a poner de relieve los abrumadores datos sobre los problemas de salud mental de las personas trabajadoras y, en particular, sobre el estrés en el lugar de trabajo, no recoge ninguna propuesta legislativa que modifique este aspecto. No obstante, la Comisión insta a los Estados miembros a intensificar "la supervisión y la recopilación de datos en lo que se refiere a la situación de los riesgos mentales y psicosociales en todos los sectores". De este modo, se podrá recabar información tan relevante como: las exigencias psicológicas (cognitivas, emocionales, esconder emociones, sensoriales), influencia y desarrollo de habilidades (influencia en trabajo, posibilidades de desarrollo, control sobre el tiempo de trabajo, sentido del trabajo, integración en la empresa), apoyo social en la empresa y calidad de liderazgo (previsibilidad, claridad del rol, conflicto de rol, calidad del liderazgo, refuerzo, apoyo social, posibilidades de relación social, sentimiento de grupo), compensaciones (inseguridad, estigma) y doble presencia[269].

Sin duda, es cierto que constituye una actuación "compleja y espinosa" y que la clave del éxito radica en los participantes (agentes sociales, Servicio Público de Salud, Mutuas, INSS, Servicios de Prevención)[270]. En definitiva, no puede negarse que ofrecer "criterios objetivos y diferenciadores" se antoja difícil a fin de alcanzar la calificación automáti-

---

[268] CONTRERAS HERNÁNDEZ, O. (2020). *La inclusión de los riesgos psicosociales en el cuadro de enfermedades profesionales: evidencias para una revisión legal, ob.cit.*, p. 444.

[269] NTP 703. AAVV. "El método COPSOQ (ISTAS21, PSQCAT21) de evaluación de riesgos psicosociales", *Instituto Nacional de Seguridad y Salud en el Trabajo.*

[270] RODRÍGUEZ INIESTA, G., "Evolución y concreción legal de la noción de enfermedad profesional", en AAVV. (2007). *Las enfermedades profesionales desde la perspectiva de la seguridad social,* Ministerio de trabajo e Inmigración, p. 115.

ca y objetiva de los riesgos psicosociales por su inclusión en la Lista del Anexo I; una circunstancia que redunda en destinar todos los esfuerzos en el esclarecimiento en sede judicial de la actividad probatoria del nexo causal[271]. En definitiva, esta actuación requiere la elaboración de un estudio multifactorial que recabe información científica contundente[272], como pueden ser los dictámenes e informes médico-psiquiátricos para que fructifique una hipotética lista[273], *ex* art. 2.1 RD 1299/2006.

El objetivo será, por tanto, lograr una cobertura para tales contingencias profesionales que sea acorde con la nueva realidad tecnológicamente organizativa de las entidades empresariales y, por ende, de las relaciones de trabajo. Y alcanzar, por fin, un equilibrio entre el sistema de protección y cobertura prestacional con los riesgos y patologías comunes a este nuevo proceso de revolución-tránsito industrial actual[274], llámese 4.0 o 5.0.

---

271 REYES BARROSO, Mª.R., *La reparación del riesgo psicosocial por la seguridad social. Presente y futuro*, p. 276, en AAVV. (2007). Las enfermedades del trabajo: nuevos riesgos psicosociales y su valoración en el derecho de la protección social, Ministerio de Trabajo y Asuntos sociales.

272 Desde las organizaciones sindicales se aboga por una actualización del cuadro de enfermedades profesionales por la información científica disponible. Además, instan al Gobierno español a posicionarse a favor de la aprobación de una "Directiva sobre organización del trabajo y riesgos psicosociales". https://www.ccoo.es/31194e3b577c37267342180212c1b783000001.pdf

273 IGARTUA MIRÓ, Mª.T. (2007). "La nueva lista de enfermedades profesionales y la inamovilidad respecto a las dolencias derivadas de riesgos psicosociales", *Revista Actualidad Laboral*, nº 22, p. 2700.

274 MOLINA NAVARRETE, C. FERNÁNDEZ AVILÉS, J. Análisis jurídico-crítico del modelo español regulador de las enfermedades relacionadas con el trabajo de origen psicosocial: desafíos y propuestas de solución, *ob.cit.*, p. 184.

8. La negociación colectiva como cauce principal de regulación preventiva de los riegos psicosociales asociados al teletrabajo

8.1. EL PROTAGONISMO ATRIBUIDO A LA NEGOCIACIÓN COLECTIVA EN LA LEY 10/2021

En la Ley 10/2021 se realizan numerosas llamadas a la negociación colectiva como instrumento imprescindible para regular específicamente determinados aspectos que pudieran quedar incompletos por la norma. Al igual que sucede con la aprobación de la nueva LOPD en la que se otorga un papel principal respecto a la conjugación de la desconexión digital, podría suceder algo similar con la prevención de riesgos en el trabajo a distancia[275].

La LPRL, reconoce los pactos de los interlocutores sociales en forma de convenio dentro del contenido de la normativa de prevención de riesgos laborales. El propio art. 1 de la ley dispone que "la normativa sobre prevención de riesgos laborales está constituida por la presente Ley, sus disposiciones de desarrollo o complementarias y cuantas otras normas, legales o convencionales, contengan prescripciones relativas a la adopción de medidas preventivas

---

275 AGUILAR MARTÍN, Mª.C. (2017). "El papel de la negociación colectiva en materia de seguridad y salud laboral. Una visión más amplia de la prevención", *Revista Internacional y comparada de Relaciones Laborales y Derecho del Empleo*, vol. 5, nº 3, pp. 252 y ss. LOUSADA AROCHENA, J.F. (2012). "La prevención de riesgos laborales en la negociación colectiva, Revista técnico laboral", vol. 34, nº 134, pp. 485-496.

en el ámbito laboral o susceptibles de producirlas en dicho ámbito". Por lo que queda claro que el valor que se le otorga al convenio, fuente de reglamentación en esta materia, y que deriva en su estricto cumplimiento.

El legislador facilita a través de la negociación colectiva la flexibilidad, adaptabilidad y adecuación de los principios de la LPRL a la idiosincrasia de la empresa. De hecho, el art. 2 de la LPRL fija los contenidos de carácter laboral de su cuerpo legal como derecho mínimo indisponible. En otras palabras, las medidas preventivas que contiene no pueden ser limitadas, sino que únicamente pueden ser mejoras por el convenio colectivo.

El llamamiento que la Ley 10/2021 hace a la negociación colectiva la sitúa en el un papel protagonista en la prevención de riesgos laborales[276]. Por una parte, porque el convenio colectivo actúa como un instrumento regulador de las condiciones de trabajo en un sector concreto y adaptado a las circunstancias de cada empresa[277]. Por otro, porque puede constituir el medio más adecuado para realizar la adaptación normativa de prevención de riesgos laborales en el trabajo acorde a la organización estructural de la empresa[278].

---

276 Se comparte la opinión de ÁLVAREZ DE LA ROSA al considerar que la negociación colectiva debe ocupar un espacio singular en materia de la prevención de riesgos laborales. En definitiva, el objetivo será contribuir a la implantación de un nuevo modelo de cultura preventiva acorde con las características de cada ente corporativo. Y la finalidad principal es conseguir implementar la cultura preventiva adaptada a la estructura organizativa. *Vid.* ÁLVAREZ DE LA ROSA, M. (2012). Ley y negociación colectiva en la regulación de la prevención de riesgos laborales, *Anales de la Facultad de Derecho*, nº 29, p. 19

277 LOUSADA AROCHENA, J. RON LATAS, R.P. (2018). "La negociación colectiva sobre la prevención de riesgos laborales: significación y delimitación de los espacios negociales", *Revista de Trabajo y Seguridad Social-CEF*, nº 247, p. 97.

278 *Vid.* con más profundidad en el Informe que realiza la Secretaría de Salud Laboral y Desarrollo Territorial. UGT-Madrid. Recuperado de https://madrid.ugt.org/sites/madrid.ugt.org/files/node_gallery/Galer-a%20Publicaciones/CUADERNO%20NEGOCIACION%20COLECTIVA.pdf

Pero es que, además, reconocida su labor como fuente normativa, la vigencia temporal del convenio colectivo ofrece mayores garantías de seguridad y salud en el trabajo, permitiendo a los agentes sociales tomar en consideración los procesos de innovación tecnológica empresarial y, por supuesto, la evaluación de nuevos riesgos que pudieran surgir al alterarse el sistema productivo o la relación laboral (teletrabajo)[279]. En suma, supone un proceso de mejora de las condiciones laborales de la que, indudablemente, es necesaria la conformidad conjunta de empresa, sindicatos o representación de las personas trabajadores. Por tanto, en un ejercicio de consenso y concienciación por el evidente proceso de transformación digital, podrían reforzar el derecho a la seguridad y salud laboral del trabajador[280].

En definitiva, y como se ha tenido oportunidad de poner de manifiesto, la estrategia aglutina en materia de prevención de riesgos laborales, la actuación conjunta de los interlocutores sociales para facilitar su cumplimiento por la empresa y las personas trabajadoras. Se deja constancia, por

---

279 En cierto modo porque "nadie como los propios intervinientes en la negociación colectiva deben conocer la realidad en la que se desenvuelve su trabajo. Nadie como ellos, por sí mismos o como celosos representantes, deben conocer las condiciones en que se debiera prestar el trabajo, de modo que se garantice la seguridad y la salud de los trabajadores a quienes el convenio se destina", en GETE CASTRILLO, P. (2002). "El papel de la negociación colectiva en la prevención de los riesgos laborales", *Revista la Ley Digital,* nº 5773, p. 3. En el mismo sentido, DOMÍNGUEZ MORALES se refiere sobre la acomodación del teletrabajo a "las circunstancias concurrentes de cada empresa, territorio o sector", DOMÍNGUEZ MORALES, A. (2017). "El tratamiento de la negociación colectiva del teletrabajo como modalidad de gestión del cambio", en CRUZ VILLALÓN, J. *La negociación colectiva como instrumento de gestión del cambio,* 1ª Ed., Editorial Cinca, p. 296.

280 Respecto al papel de la negociación colectiva como motor de las transformaciones en GONZÁLEZ ORTEGA, S. CARRERO DOMÍNGUEZ, C. (1999). "La negociación colectiva sobre salud laboral a partir de la Ley de Prevención de Riesgos Laborales", *Cuadernos de relaciones laborales,* nº 14, pp. 49-68.

lo tanto, que a nivel institucional el diálogo social[281] de los interlocutores implicados ha contado con el interés que merece la prevención de riesgos en el puesto de trabajo. Se estima conveniente ahora comprobar que este hecho se ha visto ejemplificado con la misma intensidad en la práctica a través de la inclusión de cláusulas en los convenios colectivos.

En la actualidad legislativa, la Ley 10/2021 asume que la regulación convencional de determinados aspectos de su contenido es el instrumento correcto para moldear la norma a la diversidad de sectores y culturas corporativas[282]. Su disposición adicional primera detalla de forma general algunas materias que podrían ser reguladas por convenio colectivo[283]. Así, establece que en "en atención a la especificidad de la actividad concreta de su ámbito, la identificación de los puestos de trabajo y funciones susceptibles de ser realizados a través del trabajo a distancia, las condiciones de acceso y desarrollo de la actividad laboral mediante esta modalidad, la duración máxima del trabajo a distancia, así como contenidos adicionales en el acuerdo de trabajo a distancia y cuantas otras cuestiones se consideren necesario regular".

---

281 *Vid.*, en este sentido, SECRETARÍA DE SALUD LABORAL Y MEDIO AMBIENTE UGT-CEC: *Estado de la negociación colectiva en seguridad y salud laboral.*, pp. 11-14. Recuperado de https://www.ugt.es/sites/default/files/monografico_006_negociacion_colectiva.pdf

282 Unión General de Trabajadores (2020) "La nueva regulación del teletrabajo: el Real Decreto Ley 28/2020, de 22 de septiembre, de Trabajo a distancia", Estudios, nº 6. Recuperado en https://ugtficabcn.cat/calaix/documentacio/teletreball/La_nueva_regulacion_del_teletrabajo.pdf

283 Entre otras, se encuentran referencias a la hora de definir las tareas y actividades susceptibles de trabajo a distancia, los mecanismos y criterios por los que se puede pasar a trabajo a distancia o viceversa, el desarrollo del derecho a la dotación suficiente y mantenimiento de medios, equipos y herramientas, la forma de cuantificar la compensación de los gastos que pudiera tener la persona trabajadora por el hecho de prestar servicios a distancia, así como el momento y la forma para realizar la misma, la flexibilización del horario del trabajo a distancia, las condiciones para garantizar el ejercicio de los derechos colectivos de las personas trabajadoras a distancia o las condiciones e instrucciones de uso y conservación de equipos o útiles informáticos.

De su lectura se traduce el silencio absoluto sobre la prevención de riesgos laborales en esta modalidad. Aunque, ante el aparente vacío legal de la normativa, termina por reconocer un amplio cajón de sastre al prever la posibilidad de regular "cuantas otras cuestiones se consideren necesario regular".

Evidentemente, es una oportunidad de abrir la puerta a la negociación colectiva el ámbito específico de los riesgos emergentes en el teletrabajo con altura de miras. Y es que como ha destacado la doctrina, "la relevancia otorgada a la negociación colectiva en esta materia deriva tanto del significativo elenco de condiciones de trabajo a distancia que puede entrar a regular, como, sobre todo, de la circunstancia, aún más relevante, de que se le otorga la posibilidad de poder regular tales condiciones de manera distinta a como lo hace la propia norma legal que, en bastantes aspectos, contiene reglamentaciones de naturaleza meramente dispositiva"[284].

Puede constituir el momento perfecto para concretar el modo por el que el empresario va a llevar a cabo sus labores preventivas fijadas tanto en la LPRL (arts. 14.2, 17.1 y 2, 18.1, 20, 22) como en el Reglamento de los Servicios de Prevención (arts. 2, 3, 8, 10, 11, 12, 13, entre otros). Entre otras, "la formación, información, vigilancia de la salud, los procedimientos de evaluación de riesgos laborales, y con especial hincapié en los medios de vigilancia y control de las condiciones de trabajo de los teletrabajadores"[285].

En definitiva, es posible manifestar que el sentir del legislador es palpable en el sentido de no intervenir en las relaciones laborales de las personas trabajadoras a distancia cediendo el papel principal a la negociación en la búsqueda de consenso en la implantación de este tipo de actuaciones en las empresas[286].

---

284 MARTÍN HERNÁNDEZ, M. L. (2020). "El derecho a la seguridad y salud laboral en el teletrabajo", *Revista Trabajo y Derecho*, nº 12, p. 17-18.

285 *Ibídem.*

286 FERREIRO REGUEIRO, C. (2015). "Una mirada periférica al teletrabajo, el trabajo a domicilio y el trabajo a distancia en el derecho español", en VILLALBA SÁNCHEZ, A. MELLA MÉNDEZ, L. *ob.cit*, pp. 47-60.

8.2. EL PAPEL DE LA NEGOCIACIÓN COLECTIVA RESPECTO A LA PREVENCIÓN DE RIESGOS LABORALES A TRAVÉS DE LOS ACUERDOS INTERCONFEDERALES

La negociación colectiva a través de los Acuerdos Interconfederales han llevado a cabo un ejercicio de concienciación respecto a la evolución de las relaciones laborales[287]. Este tipo de acuerdos tratan de abordar aspectos como la competitividad de la economía española, los procesos de liberalización de mercado y sus efectos en el empleo. Y, entre estas materias se encuentra la prevención de riesgos laborales, acentuándose el compromiso de los agentes sociales de minimizar los riesgos en el ámbito del trabajo. El objetivo de estos acuerdos está centrado fundamentalmente en marcar la orientación de la negociación de convenios colectivos. En definitiva, desarrollan una labor de garante del buen funcionamiento de las relaciones laborales ante los cambiantes procesos de producción de las empresas.

En este sentido, el primer Acuerdo Interconfederal de Negociación Colectiva tuvo lugar en el año 1997[288]. Uno de los aspectos interesantes de este acuerdo es la distribución de los ámbitos de negociación por especialidades, estableciendo las materias que quedan reservadas al Convenio colectivo Sectorial y las que pudieran ser desarrolladas en ámbitos inferiores territorial y de empresa).

De este modo, el acuerdo pretende aprovechar al máximo la capacidad y competencia para obligar de los distintos interlocutores sociales. Ya manifestó en su punto décimo que “de un lado, el Convenio Colectivo puede desarrollar

---

287 CANALDA CRIADO, S. (2016). “Las funciones de los acuerdos Interconfederales frente a la situación actual de la negociación colectiva”, *Revista General de Derecho del Trabajo y de la Seguridad Social*, nº 44.

288 Resolución de 13 de mayo de 1997, de la Dirección General de Trabajo, por la que se dispone la inscripción en el Registro y publicación del contenido del Acuerdo Interconfederal sobre Negociación Colectiva. BOE núm. 135, de 6 de junio de 1997.

las disposiciones existentes en materia de Seguridad e Higiene, adaptando éstas a lo previsto en la Ley de Prevención de Riesgos Laborales. De otro, las medidas concretas a adoptar y los procedimientos a seguir deberían ser pactados en Convenios de ámbito inferior, preferentemente en el ámbito de la empresa.

En el Acuerdo Interconfederal de 2002[289] se trató por primera vez en su capítulo VII la preocupación de los agentes sociales por el teletrabajo. Es necesario recordar que fue precisamente en el año 2002 cuando se aprobó el Acuerdo Marco Europeo sobre Teletrabajo. Las expectativas hipotéticas del Acuerdo Interconfederal de la a progresiva transformación de la sociedad en una sociedad informatizada se han visto cumplida. Muestra además el interés por las ventajas que ofrecen las herramientas tecnologías y a las que España no puede omitir.

Las organizaciones firmantes valoran en conjunto como un acierto el Acuerdo Marco Europeo sobre Teletrabajo ya que supone un instrumento sumamente útil de modernización de la organización del trabajo (para las empresas) y de conciliación de la vida laboral y familiar (para el trabajador)[290]. Aunque, también dejan entrever la incidencia de esta modalidad laboral sobre aspectos como privacidad o prevención de riesgos, entre otras. Esta aceptación del teletrabajo lleva a las partes firmantes a comprometerse en la adaptación y desarrollo de su contenido a la realidad empresarial española.

En cuanto a los criterios en materia de seguridad y salud, como muestra de la preocupación por los números de siniestralidad laboral el objetivo se centra en fomentar la

---

289 Resolución de 31 de enero de 2003, de la Dirección General de Trabajo, por la que se dispone la inscripción en el Registro y publicación del Acuerdo Interconfederal para la Negociación Colectiva 2003 (ANC 2003). BOE núm. 47, de 24 de febrero de 2003.

290 SERRANO GARCÍA, J.Mª. (2009). "El teletrabajo parcial como instrumento para la conciliación en la negociación colectiva", *Revista de Derecho Social,* nº 45, p. 209 y ss.

cultura preventiva y el cumplimiento de las normas. Facilitando la correcta aplicación de la normativa en las pequeñas y medianas empresas que aglutinan el motor económico español.

De forma continua y reiterada en años posteriores, se aprobaron varios Acuerdos Interconfederales, entre los que destaca el Acuerdo Interconfederal de 2005[291] y 2007. En el primero se destaca porque incorpora el Acuerdo Marco Europeo sobre Estrés Laboral. Al igual que sucedió con el teletrabajo, consideran este cuerpo normativo como instrumento que facilita las pautas y criterios de actuación para prevenir, eliminar o reducir los riesgos asociados esta patología continuando con la labor de sensibilización en materia preventiva que favorezca la correcta aplicación de la normativa, especialmente en la pyme.

Asimismo, mantienen el compromiso de adaptar los contenidos del Acuerdo sobre Estrés Laboral a la realidad empresarial de nuestro país, ya que se mejora las condiciones de trabajo y el buen funcionamiento de la empresa. En segundo lugar, el Acuerdo Interconfederal de 2007[292], que será prorrogado para el año 2008, incorpora al orden de trabajo de la negociación colectiva el Acuerdo Europeo sobre Acoso y Violencia en el Trabajo. En el acta de prórroga, se recoge en su Anexo III la Estrategia Española de Seguridad y Salud 2007-2012 y negociación colectiva. Concretamente, el objetivo tercero de la estrategia se fija en fortalecer el papel de los interlocutores sociales y la implicación de la parte empleadora y de las personas trabajadoras en la mejora de la seguridad y salud en el trabajo. En esta labor

---

291 Resolución de 7 de marzo de 2005, de la Dirección General de Trabajo, por la que se dispone la inscripción en el registro y publicación del Acuerdo Interconfederal para la negociación colectiva 2005. BOE núm. 64, de 16 de marzo de 2005.

292 Resolución de 21 de diciembre de 2007, de la Dirección General de Trabajo, por la que se registra y publica el Acta de prórroga para el año 2008, del Acuerdo Interconfederal para la negociación colectiva 2007 (ANC 2007) y sus anexos. BOE núm. 12, de 14 de enero de 2008.

de implicación, implica el compromiso del trabajador en cumplir con el plan y las actividades preventivas de la empresa. Para alcanzar este objetivo, es necesario precisar las competencias de los Delegados de Prevención y Comités de Seguridad y Salud. De esta forma, podrá desarrollarse de forma activa el cumplimiento de la normativa preventiva.

Ambos acuerdos muestran una preocupación común sobre este tipo de riesgos psicosociales, la necesidad de establecer medidas de identificación y prevención. Aunque como se desarrollará más adelante, la incorporación a la negociación colectiva de esta preocupación no se ha visto trasladada a los convenios colectivos.

Respecto al II Acuerdo para el Empleo y la Negociación Colectiva para los años 2010, 2011 y 2012[293], no se establece un apartado concreto de desarrollo a la prevención de riesgos. Aunque, sí que se hace referencia en el Capítulo I a la "incidencia de las tecnologías de la información y de la comunicación (TIC) en las relaciones laborales también debería ser objeto de tratamiento en los convenios colectivos para garantizar los derechos individuales y colectivos de las personas trabajadoras".

Por otro lado, el III Acuerdo para el Empleo y la Negociación Colectiva 2015, 2016 y 2017[294], cuyos acuerdos se prorrogan en el IV acuerdo para el Empleo y la Negociación Colectiva 2018, 2019 y 2020[295]. De entre estos acuerdos, se extrae la continuación de los objetivos marcados

---

293 VALDÉS DAL-RÉ, F. (2010). "El acuerdo para el empleo y la negociación colectiva (2010, 2011 y 2012)", *Revista Derecho de las relaciones laborales*, nº 7, p. 77-88.

294 SANGUINETI RAYMOND, W. (2015). "El acuerdo para el empleo y la negociación colectiva, 2015, 2016 y 2017", *Trabajo y Derecho: nueva revista de actualidad y relaciones laborales*, nº 9, pp. 10-15. VALDÉS DAL-RÉ, F. (2015) El III acuerdo para el empleo y la negociación colectiva (2015, 2016 y 2017), *Revista Derecho de las relaciones laborales*, nº 4, pp. 347-359.

295 SANGUINETI RAYMOND, W. (2018). "El acuerdo para el empleo y la negociación colectiva, 2018, 2019 y 2020", *Trabajo y Derecho: nueva revista de actualidad y relaciones laborales*, nº 45, pp. 9-13. VALDÉS DAL-

hasta el momento en anteriores acuerdos. Por un lado, se constata que la integración de la actividad preventiva en la empresa se consigue a través del plan de prevención como medida de evitación de los riesgos. Por otro, respecto a la vigilancia de la salud se recomienda que los convenios avancen por exámenes de salud específicos que se ajusten al cumplimiento normativo[296]. Aspecto central lo constituye la formación, situándose como herramienta útil para crear una cultura preventiva y facilitar los cambios actitudinales. De manera que los convenios podrán determinar la formación correspondiente y adecuada al puesto de trabajo.

En último lugar, Por último, el V Acuerdo para el Empleo y la Negociación colectiva para los años 2023, 2024 y 2025, fue suscrito el 10 de mayo de 2023[297] fruto del "diálogo social bipartito" en el que los interlocutores sociales han exteriorizado la buena sintonía de la negociación colectiva[298].

En este nuevo texto, las organizaciones empresariales (CEOE y CEPYME) y las sindicales (CC.OO. y UGT), han plasmado una idea clara "la apuesta por el diálogo social bipartito como eje del autogobierno de las relaciones laborales, siendo el ámbito de la negociación colectiva donde encuentra su máxima expresión". Así mismo han sellado un acuerdo sumamente importante para afrontar los retos que afrontan los interlocutores sociales en una época impregnada de incertidumbre social.

Este acuerdo colectivo bipartido recoge en varios apartados referencias significativas para la seguridad y salud en el trabajo. En primer lugar y de forma específica, en el

---

RÉ, F. (2018). "El IV acuerdo para el empleo y la negociación colectiva (2018, 2019 y 2020)", *Revista Derecho de las relaciones laborales*, nº 7.

296 MENDOZA NAVAS, N. (2008). "La vigilancia de la salud en la negociación colectiva", *Gestión Práctica de Riesgos Laborales*, nº 52, p. 18.

297 Resolución de 19 de mayo de 2023, de la Dirección General de Trabajo, por la que se registra y publica el V Acuerdo para el Empleo y la Negociación Colectiva. BOE núm. 129, de 31 de mayo de 2023.

298 CAVAS MARTÍNEZ, F. (2023). "V Acuerdo para el empleo y la negociación colectiva (V AENC)", *Brief* AEDTSS, *Asociación Española de Derecho del Trabajo y de la Seguridad Social*, nº. 36, p. 1.

capítulo VIII se hace mención a los objetivos que afronta la Estrategia Española de Seguridad y Salud en el Trabajo 2023-2027. De este modo, se considera que la negociación colectiva constituye un instrumento óptimo para acomodar las condiciones de seguridad y salud en el trabajo al tipo de sector o empresa. A este respecto, se señala que el camino que deberán seguir los convenios colectivos será, entre otros, "avanzar en la evaluación de riesgos de los puestos de trabajo a distancia, avanzar en la gestión preventiva de los riesgos psicosociales, impulsado programas de prevención del estrés laboral, elaborar y hacer seguimiento de protocolos de gestión de los conflictos psicosociales asociados a la violencia y/o el acoso en el trabajo, incluyendo el ciberacoso, *mobbing* y la violencia a través de los medios digitales, desarrollar la formación en prevención de riesgos laborales, incluyendo la de las personas trabajadoras designadas y la representación de los trabajadores con funciones específicas en materia de prevención de riesgos laborales, adaptando sus contenidos y duración a la realidad de las personas trabajadoras y empresas, y, en el caso de los trabajadores y trabajadoras, fijando medios para su acreditación, e incluir programas de formación e información sobre los riesgos del uso de las nuevas tecnologías del trabajo y las medidas preventivas a adoptar frente a los mismos, además de criterios de buenas prácticas respecto a la digitalización".

Y, en segundo lugar, el capítulo XI desarrolla el camino por el que deberá discurrir la negociación de las cláusulas sobre desconexión digital. No debe olvidarse y así se concreta en este capítulo, que la desconexión digital "contribuye a la salud, especialmente en lo que concierne al estrés tecnológico, mejorando el clima laboral y la calidad del trabajo". Sobre esta materia, se remarca la actuación en aspectos como la desconexión de los aparatos y dispositivos tecnológicos más allá de la jornada laboral pactada, actuaciones de sensibilización y formación por las empresas sobre uso razonable de dispositivos tecnológicos, así como buenas prácticas sobre gestión del tiempo (respuestas automáticas, envío retardado de correos electrónicos).

8.3. EL PAPEL ATRIBUIDO A LA NEGOCIACIÓN COLECTIVA: UN APUNTE A LOS CONVENIOS COLECTIVOS

Una vez que se ha remarcado el papel que puede y debe ostentar la negociación colectiva en materia de prevención de riesgos laborales[299], se pretende evaluar qué tipo de cláusulas se están incorporando en referencia a esta materia, el teletrabajo[300].

En primer lugar, respecto a buenos ejemplos de cláusulas preventivas puede señalarse el Convenio Colectivo estatal para las industrias de curtido, corres y cueros industriales y curtición de pieles para peletería[301]. Por un lado, porque hace referencia expresa al RD 488/97 referente al trabajo con pantallas de visualización de datos. Por otro lado, porque determina que la evaluación inicial se realizará con una visita física al lugar de trabajo y, en caso de no obtener permiso, se realizará con medios "que objetivamente permitan la evaluación de riesgos". A este respecto, si bien constituye un buen ejemplo, deja fuera la concreción de los medios secundarios de la evaluación de riesgos en caso de negativa al acceso de los técnicos de prevención, así como los periodos de vigilancia de la salud[302].

---

[299] GUTIÉRREZ-SOLAR CALVO, B. (2018) De la prevención de riesgos a la promoción de la salud en el trabajo: avances en la negociación colectiva, *Revista del Ministerio de Empleo y Seguridad Social,* nº 138, p. 138.

[300] *Vid.* un análisis específico sobre esta materia en REDONDO TORRES, D. (2023). "Seguridad y salud en el teletrabajo y su regulación convencional", *Revista española de derecho del trabajo,* nº 260, pp. 111-144.

[301] Resolución de 9 de marzo de 2023, de la Dirección General de Trabajo, por la que se registra y publica el Convenio colectivo estatal para las industrias de curtido, correas y cueros industriales y curtición de pieles para peletería. BOE núm. 69, de 22 de marzo de 2023.

[302] En el mismo sentido, Resolución de inscripción e publicación do convenio colectivo de TELEVES S.A.U. 2022-2025, para o seu centro de traballo de Santiago de Compostela. BOP núm. 107, de 7 de junio de 2023.

Otro ejemplo, el Convenio Colectivo de Teleinformática y Comunicaciones[303], que muestra una apuesta por la formación específica en prevención de riesgos laborales en la modalidad de teletrabajo. En su anexo II establece que el teletrabajo no debe suponer menoscabo alguno para su formación, sino que, de hecho, justifica una formación específica en este sentido. Además, manifiesta que el objetivo de ser una "una formación adecuada y de calidad que facilite y capacite al empleado y empleada para el uso de las herramientas básicas del Teletrabajador o Teletrabajadora haciendo especial énfasis en el correo electrónico, en los entornos de trabajo corporativos y en las cuestiones psicosociales precisas para una correcta adecuación al nuevo entorno laboral". Además, su contenido es nítido y bastante completo, ya que aborda prácticamente todos los "puntos negros" de la prevención en el teletrabajo.

Por otro lado, el Convenio Colectivo del sector de *contact center*[304] prevé en el art. 61 referido al proceso de evaluación de riesgos una concreción específica sobre factores psicosociales y de organización propios de la actividad. Así se hace referencia a las pausas en el trabajo, tiempo entre llamadas inferior a 23/35 segundos en puestos de remarcación automática, fatiga y efectos negativos asociados por exigencias de la tarea de tipo físico y mental. En el art. 62 destaca el protagonismo otorgado a la formación e información en materia de prevención. A este respecto, se configura un plan de formación amplio para los Delegados y las Delegadas de prevención en la que se inserta un apartado concreto sobre riesgos específicos de la actividad profesional: riesgos ligados al trabajo con pantallas de visualización,

---

303 Resolución de 11 de junio de 2020, de la Dirección General de Trabajo, por la que se registra y publica el Convenio colectivo de Teleinformática y Comunicaciones, SAU. BOE núm. 173, de 22 de junio de 2020.

304 Resolución de 30 de mayo de 2023, de la Dirección General de Trabajo, por la que se registra y publica el III Convenio colectivo de ámbito estatal del sector de contact center. BOE núm. 137 de 8 de junio de 2023.

riesgos ligados al resto de condiciones del puesto de trabajo y riesgos ligados a los aspectos psicosociales y de organización. Sin embargo, la formación[305] e información[306] a la plantilla se plantea a modo de un "folleto único para todo el sector que, con carácter práctico, tanto formativo como informativo, será entregado a todas las personas en el momento de su contratación".

En segundo lugar, pueden destacarse ejemplos de convenios colectivos que constituyen una mera referencia al contenido previsto en la Ley 10/2021. Este es el caso, por ejemplo, del Convenio Colectivo nacional de empresas de ingeniería[307] que dispone lo siguiente: "las personas que trabajan a distancia tienen derecho a una adecuada protección en materia de seguridad y salud en el trabajo, de conformidad con lo establecido en la Ley 31/1995, de 8 de noviembre, de Prevención de Riesgos Laborales, y su normativa de desarrollo. La evaluación de riesgos y la planifica-

---

305 Por contraposición en el Convenio Colectivo de Thales España, GRP, S.A.U., que prevé con carácter obligatorio un curso online de formación sobre "seguridad y salud en trabajo en remoto o teletrabajo". Resolución de 7 de junio de 2022, de la Dirección General de Trabajo, por la que se registra y publica el Convenio colectivo de Thales España GRP, SAU.

306 Sobre la información y formación en materia de salud en el trabajo, un sector doctrinal reclama el papel central que debe ocupar frente a "riesgos cada vez más intangibles, que reclaman que la actividad preventiva camine hacia una acción más activa orientada a la promoción de la salud laboral". SABADELL-BOSCH, M., DE LAS HERAS GARCÍA, A. "Obligaciones y responsabilidades respecto a la transformación digital y al teletrabajo", p. 475, en TRUJILLO PONS, F. (2023). Tratado práctico de prevención de riesgos laborales, Barcelona, Atelier.

307 Resolución de 27 de febrero de 2023, de la Dirección General de Trabajo, por la que se registra y publica el XX Convenio colectivo nacional de empresas de ingeniería; oficinas de estudios técnicos; inspección, supervisión y control técnico y de calidad. BOE núm. 59, de 10 de marzo de 2023. Resolución de la Delegada Territorial de Trabajo, y Seguridad Social de Bizkaia del Departamento de Trabajo y Empleo, por la que se dispone el registro, publicación y depósito del Convenio Colectivo de la empresa 3DB Consultores, S.L. BOP núm. 80, de 26 de abril de 2023.

ción de la actividad preventiva del trabajo a distancia deberán recoger los riesgos característicos de esta modalidad de trabajo, en especial los factores psicosociales, ergonómicos y organizativos. La persona trabajadora facilitará la realización de dicha evaluación y planificación preventiva".

Y, por otro lado, existen cláusulas como las recogidas en el Convenio Colectivo para las industrias del frío[308], Kutxabank, S.A[309]. y del sector de la banca[310], donde se prevé el proceso de evaluación preventiva para el teletrabajo. Esta evaluación se realizará preferentemente a distancia en virtud de la normativa vigente. Además, se hace referencia a un protocolo elaborado por las entidades encargadas del servicio de prevención que será informado a la RLT sobre una metodología de evaluación que cumplimentan las personas trabajadoras y que consiste en un formulario. A partir de este *feedback*, el servicio de prevención adoptará las propuestas y medidas de prevención necesarias que deberá conocer la persona teletrabajadora.

Por tales motivos, puede concluirse como ha comprobado un sector de la doctrina en que la negociación colectiva puede y debe hacer mucho más en esta parcela destinada a salvaguardar la seguridad y salud de las personas trabajadoras[311]. A este respecto, hay quienes han adelantado los

---

308 Resolución de 23 de mayo de 2022, de la Dirección General de Trabajo, por la que se registra y publica el Convenio colectivo de ámbito estatal para las industrias del frío industrial. BOE núm. 131, de 2 de junio de 2022.

309 Resolución de 15 de septiembre de 2021, de la Dirección General de Trabajo, por la que se registra y publica el III Convenio colectivo de Kutxabank, SA. BOE núm. 231, de 27 de septiembre de 2021.

310 Resolución de 17 de marzo de 2021, de la Dirección General de Trabajo, por la que se registra y publica el XXIV Convenio colectivo del sector de la banca. BOE núm. 76, de 30 de marzo de 2021.

311 AGRA VIFORCOS, B. (2009). "La prevención de riesgos laborales en la negociación colectiva sectorial de ámbito estatal", *Estudios financieros. Revista de trabajo y seguridad social: Comentarios, casos prácticos: recursos humanos*, nº 316, p. 121. MELÉNDEZ MORILLO-VELARDE, L. (2016). Nuevas tecnologías y riesgos psicosociales, *Nueva revista española de derecho del trabajo*, nº 184, p. 14. 159. ARRIETA IDIAKEZ,

principales puntos de negociación en esta materia[312]: la metodología de evaluación inicial de riesgos laborales, así como las condiciones de acceso al lugar de trabajo, las características personales y de lugar de trabajo para acceder a la modalidad de teletrabajo, las medidas específicas a implantar (actuación en materia de ciberacoso[313]) así como la reversión o modificación para personas con especial sensibilidad.

En definitiva y para concluir, una actividad —la de negociación— que en el contexto actual en el que nos encontramos, de disrupción y continuos vaivenes tecnológicos, se justifica por la necesidad de salvaguardar la seguridad y salud de las personas trabajadoras[314]. El objetivo será garantizar que las personas trabajadoras cuentan con el respaldo legal suficiente para desempeñar sus funciones en un medioambiente de trabajo digital ergonómicamente seguro y saludable.

F. J. (2020). "Negociación colectiva y prevención de riesgos psicosociales", *Revista Lan Harremanak,* nº 44, pp. 238-277.

312 GINÈS I FABRELLAS, A., LUQUE PARRA, M. Y PEÑA MONCHO, J. (2022). *Teletrabajo. Estudio jurídico desde la perspectiva de la seguridad y salud laboral, ob.cit.*, pp. 242-245.

313 Resolución de 29 de julio de 2020, de la Dirección General de Trabajo, por la que se registra y publica el Convenio colectivo de Recuperación de Materiales Diversos, SA., BOE núm. 219, de 14 de agosto de 2020. Resolución de 10 de marzo de 2020, de la Dirección General de Trabajo, por la que se registra y publica el Convenio colectivo de Innometal 2019, SL., BOE núm. 134, de 13 de mayo de 2020. Resolución de 19 de marzo de 2020, de la Dirección General de Trabajo, por la que se registra y publica el Convenio colectivo de EDF Fenice Ibérica, SLU., BOE núm. 134, de 13 de mayo de 2020. Resolución de 2 de marzo de 2020, de la Dirección General de Trabajo, por la que se registra y publica el Convenio colectivo estatal de estaciones de servicio, BOE núm. 62, de 11 de marzo de 2020.

314 ÁLVAREZ CUESTA, H. (2019). "El diálogo social y la negociación colectiva como herramientas para lograr una transición digital justa", *Lan Harremanak: Revista de relaciones laborales,* nº 42. p. 8.

Bibliografía

AGRA VIFORCOS, B. (2009). "La prevención de riesgos laborales en la negociación colectiva sectorial de ámbito estatal", *Estudios financieros. Revista de trabajo y seguridad social: Comentarios, casos prácticos: recursos humanos*, nº 316.

AGUILAR MARTÍN, Mª.C. (2017). "El papel de la negociación colectiva en materia de seguridad y salud laboral. Una visión más amplia de la prevención", *Revista Internacional y comparada de Relaciones Laborales y Derecho del Empleo*, vol. 5, nº 3.

ALEGRE NUENO, M. (2018). "La prevención de los nuevos riesgos psicosociales y el derecho a la desconexión digital", *Gestión práctica de riesgos laborales: Integración y desarrollo de la gestión de la prevención*, nº 155.

ALEGRE NUENO, M. (2020). La prevención de riesgos laborales y la desconexión digital en el trabajo, p. 154, en TOSCANI GIMÉNEZ, D. TRUJILLO PONS, F. (dirs.). *La desconexión digital en el trabajo*, Navarra, Aranzadi.

ALEGRE NUENO, M. (2021). "La prevención de riesgos laborales en el trabajo a distancia", p. 225, en LÓPEZ BALAGUER, M (dirs.). *El trabajo a distancia en el RDL 28/2020*, Tirant lo Blanch.

ALEMÁN PÁEZ, F. (1996). "La ley 31/1995 de prevención de riesgos laborales: justificación", *Revista Derecho y Opinión*, nº 3-4.

ALEMANY ZARAGOZA, E. (1995). La nueva ley de prevención del riesgo laboral, *Revista Aranzadi Social*, nº 2.

ÁLVAREZ CUESTA, H. (2019). "El diálogo social y la negociación colectiva como herramientas para lograr una transición digital justa", *Lan Harremanak: Revista de relaciones laborales*, nº 42.

ÁLVAREZ CUESTA, H. (2020). "Del recurso al teletrabajo como medida de emergencia al futuro del trabajo a distancia", *Revista Lan Harremanak*, nº 43.

ÁLVAREZ DE LA ROSA, M. (2012). Ley y negociación colectiva en la regulación de la prevención de riesgos laborales, *Anales de la Facultad de Derecho*, nº 29.

ÁLVAREZ DE SOTOMAYOR, L.D. (2020). "Riesgos psicosociales y tecnoestrés en el teletrabajo desde casa", *Revista Trabajo y Derecho: nueva revista de actualidad y relaciones laborales*, nº extra-12.

ARRIETA IDIAKEZ, F. J. (2020). "Negociación colectiva y prevención de riesgos psicosociales", *Revista Lan Harremanak,* nº 44.

AAVV. (2004). "Nuevos retos de las políticas de salud laboral en las organizaciones de trabajo: una aproximación al estrés laboral y al «burnout» en clave psicosocial", *Revista Temas Laborales,* nº 75.

AAVV. (2021). Teletrabajo. *Estudio jurídico desde la perspectiva de la seguridad y salud laboral,* Navarra, Aranzadi.

BARRIOS BAUDOR, G. L. (2020). Adaptaciones y/o reducciones especiales de jornada con ocasión de la crisis sanitaria COVID-19: Plan MECUIDA, *Revista Aranzadi Doctrinal,* nº. 6.

BAYLOS GRAU, A. (1995). "En torno a la Prevención de Riesgos Laborales", *Cuadernos de relaciones Laborales,* nº 7.

BLACKER, F. BROWN, C. (1986) "Alternative models to guide the design and introduction of the new information technologies into work organizations", *Journal of Occupational Psychology,* nº 59.

BLASCO MAYOR, A. (2001). "Daños derivados del trabajo", *Actualidad Laboral,* nº 8.

BREQUE, M., DE NUL, L., PETRIDIS, A. (2021). *Industry 5.0: towards a sustainable, human-centric and resilient European industry,* Publications Office.

BRINDUSA, A. COZZOLINO, M., LACUESTA, A. (2020). "El teletrabajo en España", *Artículos Analíticos-Boletín Económico del Banco de España,* nº 2.

BROD, C. (1984). *Technostress: The human cost of the computer revolution.* Reading Mass: Addison-Wesley.

CANALDA CRIADO, S. (2016). "Las funciones de los acuerdos Interconfederales frente a la situación actual de la negociación colectiva", *Revista General de Derecho del Trabajo y de la Seguridad Social,* nº 44.

CARRERO DOMÍNGUEZ, C. (2001). *El régimen jurídico sancionador en prevención de riesgos laborales,* Madrid, Editorial La Ley.

CARRERO DOMÍNGUEZ, C. (2004). "La nueva regulación de la prevención de riesgos laborales: una solución de retoque", *Revista Temas Laborales,* nº 73.

CASAMITJANA, N. (1998). "La formación en prevención de riesgos laborales: una oportunidad que no debemos dejar escapar", *Revista Archivos de prevención de riesgos laborales,* vol. 1, nº 3.

CASAS BAAMONDE, M.E. (2020). "El derecho del Trabajo, la digitalización del trabajo y el trabajo a distancia", *Revista Derecho de las relaciones laborales*, nº 11.

CAVAS MARTÍNEZ, F. (1998). "Accidente de trabajo in itinere y delimitación teleológico-espacial del *iter laboris*. (STSJ Canarias-Santa Cruz de Tenerife, 23 enero 1998)", *Revista Doctrinal Aranzadi Social*, nº 1.

CAVAS MARTÍNEZ, F., *Las enfermedades profesionales ante el sistema español de seguridad social: una visión panorámica*, p. 15-16, en AAVV. (2007). Las enfermedades profesionales desde la perspectiva de la seguridad social, Ministerio de Trabajo e Inmigración.

CAVAS MARTÍNEZ, F. (2023). "V Acuerdo para el empleo y la negociación colectiva (V AENC)", *Brief* AEDTSS, *Asociación Española de Derecho del Trabajo y de la Seguridad Social*, nº. 36

CEDROLA SPREMOLLA, G. (2017). "El trabajo en la era digital: reflexiones sobre el impacto de la digitalización en el trabajo, la regulación laboral y las relaciones laborales", *Revista de Derecho de la Universidad de Montevideo*, nº 31.

CONTRERAS HERNÁNDEZ, O. *La inclusión de los riesgos psicosociales en el cuadro de enfermedades profesionales: evidencias para una revisión legal*, en AA.VV. (2020). Accidentes de trabajo y enfermedades profesionales. Experiencias y desafíos de una protección social centenaria: Tomo I. IV Congreso Internacional y XVII Congreso Nacional de la Asociación Española de Salud y Seguridad Social.

COX, T. Y GRIFFITHS, A. J. (1996). The assessment of psychosocial hazards at work. In M.J. SCHABRACQ, J. A. M. WINNUBST, Y C. L. Cooper (Eds.), Handbook of Work and Health Psychology, Chichester: Wiley and Sons.

COX, T., GRIFFITHS, A., Y RIAL-GONZÁLEZ, E. (2000). Research on work-related stress. Luxembourg: Office for Official Publications of the European Communities: European Agency for Safety & Health at Work. Recuperado de https://osha.europa.eu/en/publications/report-research-work-related-stress

CUADROS GARRIDO, M.E. (2022). *Ocasionalidad y presunción en el accidente de trabajo*, Pamplona, Aranzadi.

DE LA CÁMARA ARILLA, C. (2000). "El teletrabajo, un indicador de cambio en el mercado de trabajo", *Cuaderno de Relaciones Laborales*, nº 17.

DE LAS HERAS GARCÍA, A. (2020). "Análisis de la nueva regulación del trabajo a distancia", *Estudios financieros. Revista de trabajo y seguridad social: Comentarios, casos prácticos: recursos humanos*, nº 452.

DE LAS HERAS GARCÍA, A. (2021). *Trabajo a distancia y teletrabajo. análisis crítico de normas y prácticas convencionales*, Madrid, Centro de Estudios Financieros.

DE VICENTE PACHÉS, F. (2020). "El convenio 190 OIT y su trascendencia en la gestión preventiva de la violencia digital y ciberacoso en el trabajo", *Revista de Trabajo y Seguridad Social-CEF*, nº 448.

DEL LÍBANO, M. SCHAUFELI, S. SALANOVA, M. (2006). "Adicción al trabajo: concepto y evaluación (I)", *Gestión Práctica de Riesgos Laborales*, nº 27.

DEL LÍBANO, M. SCHAUFELI, S. SALANOVA, M. (2010). "Validity of a brief workaholism scale", *Psicotherma*, vol. 22, nº 1.

DEL VALLE VILLAR, J. M. (2008). "Innovación tecnológica y contrato de trabajo (I): prevención de nuevos riesgos laborales", *Anuario de la Facultad de Derecho*, nº 1.

DOMÍNGUEZ MORALES, A. (2017). El tratamiento de la negociación colectiva del teletrabajo como modalidad de gestión del cambio, p. 296, en CRUZ VILLALÓN, J. *La negociación colectiva como instrumento de gestión del cambio*, 1ª Ed., Editorial Cinca.

EL BATAWI. Problemas de la salud psicosociales de los trabajadores en países en desarrollo, en KALIMO, R., EL BATAWI., M.A. Y COOPER, C.L. (Eds). (1988). Los factores psicosociales en el trabajo y su relación con la salud. (pp 15-22) Ginebra: Organización Mundial de la Salud.

FERNÁNDEZ COLLADOS, M. B. (2004). "La presunción de laboralidad del apartado 3 del art. 115 LGSS y el accidente «en misión». Comentario a la STSJ de Madrid de 11 de octubre de 2004", *Revista Doctrinal Aranzadi Social*, nº 5.

FERNÁNDEZ COLLADOS, Mª.B. *La flexibilización jurisprudencial del concepto de enfermedad laboral como respuesta al sistema de lista cerrada*, p. 136, en AAVV. (2007). Las enfermedades profesionales desde la perspectiva de la seguridad social, Ministerio de trabajo e Inmigración.

FERNÁNDEZ COLLADOS, Mª.B. (2010). "Las enfermedades del trabajo", *Revista española de Derecho del Trabajo*, nº 146.

FERNÁNDEZ COLLADOS, M.B. (2022). ¿Es el teletrabajo una fórmula de conciliación de la vida personal, familiar y laboral?, *Revista Internacional y Comparada de Relaciones Laborales y Derecho del Empleo,* Vol. 10, nº 1.

FERNÁNDEZ MARCOS, L. (2000). "Representación y participación especializada de los trabajadores en materia de prevención de riesgos laborales", *Revista Documentación Laboral,* nº 62.

FERNÁNDEZ-MONTALVO, J. ECHEBURÚA, E. (1998). "Laborodependencia: cuando el trabajo se convierte en adicción", *Revista de Psicopatología y Psicología Clínica,* vol. 3, nº 2.

FERNÁNDEZ RAMÍREZ, M. (2020). "Sobre la eficiencia actual del modelo normativo español de prevención de riesgos laborales. En especial a la luz de los nuevos retos 4.0", *Revista Temas Laborales,* nº. 53.

FERNÁNDEZ VILLAZÓN, L.A. (1997). "Vigilancia de la salud y derechos de la persona del trabajador. (Comentario al art. 22 de la Ley de Prevención de Riesgos Laborales)", *Civitas: Revista española de derecho del trabajo,* nº 82.

FREUDENBERGER, H. J. (1974). "Staff burn-out", *Journal of Social Issues,* vol. 30, nº 1.

GALA DURÁN, C. (2020). "La diversificación del trabajo a distancia tras el Real Decreto-Ley 28/2020", *Revista derecho de las relaciones laborales,* nº 11.

GALA DURÁN, C. (2021). "Teletrabajo. La compleja relación entre teletrabajo y accidente de trabajo (comentario a la sentencia del Juzgado de lo Social n.º 3 de Girona de 12 de noviembre de 2020, proc. 524/2020). Accidente laboral", *La administración práctica: enciclopedia de administración municipal,* nº 7.

GARCÍA GONZÁLEZ, G. (2020). "La nueva regulación del trabajo a distancia y del teletrabajo: entre lo simbólico y lo impreciso", *Revista Trabajo y Derecho,* nº 72.

GARRIGUES GIMÉNEZ, A. (2005). "La prevención de riesgos laborales en el marco de la Constitución Europea", *Revista del Ministerio de Trabajo e Inmigración,* nº 57.

GETE CASTRILLO, P. (2002). "El papel de la negociación colectiva en la prevención de los riesgos laborales", *Revista la Ley Digital,* nº 5773.

GIL GIL, J.L. (1995). "La ley de prevención de Riesgos Laborales", *Revista documentación laboral,* nº 47.

GINÈS I FABRELLAS, A., LUQUE PARRA, M. Y PEÑA MONCHO, J. (2022). *Teletrabajo. Estudio jurídico desde la perspectiva de la seguridad y salud laboral*, Pamplona, Aranzadi.

GOERLICH PESET, J.M., NORES TORRES, E. (2011). "Poderes directivos empresariales y conciliación de la vida laboral y familiar: una asignatura pendiente", *La Ley*, nº 1369.

GONZÁLEZ COBALEDA, E. (2015). "Riesgos psicosociales, derechos fundamentales y NTIC: una perspectiva de protección diferente", *Revista de Trabajo y Seguridad Social-CEF*, nº 387.

GONZÁLEZ ORTEGA, S. APARICIO TOVAR, J. (1996). *Comentarios a la Ley 31/1995 de Prevención de Riesgos Laborales*, Ed. Trotta.

GONZÁLEZ ORTEGA, S. CARRERO DOMÍNGUEZ, C. (1999). "La negociación colectiva sobre salud laboral a partir de la Ley de Prevención de Riesgos Laborales", *Cuadernos de relaciones laborales*, nº 14.

GRAU PINEDA, C. (2020). *La brecha de las pensiones en España*, Albacete, Editorial Bomarzo.

GREER, S. Y VANHERCKE, B, *The hard politics of soft law: The case of health*, en MOSSIALOS, E. PERMANAND, G. BAETEN, R. Y HERVEY, T. (2010). *Health Systems Governance in Europe: The Role of European Union Law and Policy, Health Economics, Policy and Management-Cambridge: Cambridge University Press.*

GRIFFITHS, A, LEKA, STAVROULA & COX, T. (2004). La organización del trabajo y el estrés: estrategias sistemáticas de solución de problemas para empleadores, personal directivo y representantes sindicales/Stavroula Leka, Amanda Griffiths, Tom Cox. Ginebra: Organización Mundial de la Salud.

GUTIÉRREZ-SOLAR CALVO, B. (2018) De la prevención de riesgos a la promoción de la salud en el trabajo: avances en la negociación colectiva, *Revista del Ministerio de Empleo y Seguridad Social*, nº 138.

HIERRO HIERRO, J. J. (2015). "Accidente de trabajo in itinere y medio de transporte utilizado", *Revista Española de Derecho del Trabajo*, nº. 173.

IGARTUA MIRÓ, M. T. (2000). Teletrabajo y prevención de riesgos laborales: Problemas y propuestas de soluciones, *Descentralización productiva y nuevas formas organizativas del trabajo: X Congreso Nacional de Derecho del Trabajo y de la Seguridad Social, Zaragoza, 28 y 29 de mayo de 1999.*

IGARTUA MIRÓ, Mª.T. (2007). "La nueva lista de enfermedades profesionales y la inamovilidad respecto a las dolencias derivadas de riesgos psicosociales", *Revista Actualidad Laboral,* nº 22.

IGARTUA MIRÓ, Mª. T. (2021). Teletrabajo y riesgos psicosociales: la imperiosa necesidad de reforzar la tutela preventiva, *Trabajo, Persona, Derecho, Mercado: Revista de Estudios sobre Ciencias del Trabajo y Protección Social,* 2021, nº 3.

IGARTUA MIRÓ, M. T. (2023). ¿Está obligado el empresario a pagar las gafas graduadas a los trabajadores con PVD? La respuesta es sí, con bastantes matices. Comentario a la STJUE (Sala Segunda) de 22 de diciembre de 2022 (asunto C-392-21), *Revista Trabajo y Derecho,* nº 100.

JAY, T. (1981). Computerphobia: What to do about it? *Educational Technology,* nº 21.

KAKABADSE, N. K. KOUZMIN, A. KAKABADSE, A. K. (2000). *Creating Futures: Leading Change Through Information Systems,* Routledge.

LAGO BURGOS, I. (2017). "El teletrabajo y la gestión en la Prevención de los riesgos laborales", *Gestión práctica de riesgos laborales: Integración y desarrollo de la gestión de la prevención,* nº 153.

LANTARÓN BARQUÍN, D. (2008). "Cuadro de enfermedades profesionales: una radiografía jurídica", *Revista Relaciones Laborales,* n º 9.

LANZADERA ARENCIBIA, E. (2004). "Comentarios a la reforma del Marco Normativo de la Prevención de Riesgos Laborales", *Revista de Trabajo y Seguridad Social-CEF,* nº 252.

LÓPEZ. L. (5 de marzo de 2021). Los datos lo demuestran: el teletrabajo ha llegado para quedarse. *El Mundo.* Recuperado de https://ahoramascerca.elmundo.es/deslocalizacion/los-datos-lo-demuestran-el-teletrabajo-ha-llegado-para-quedarse

LÓPEZ ÁLVAREZ, M. (2020). *Trabajo a distancia, conciliación familiar y corresponsabilidad,* pp. 105-122 en LEÓN LLORENTE, C. CALMAESTRA VILLÉN, J. SOTO GARCÍA, O. *Teletrabajo y conciliación en el contexto de la COVID-19: Nuevos retos en el marco de la prevención de la violencia de género y la calidad de vida de las mujeres,* Pamplona, Aranzadi.

LOUSADA AROCHENA, J.F. (2012). "La prevención de riesgos laborales en la negociación colectiva, Revista técnico laboral", vol. 34, nº 134.

LOUSADA AROCHENA, F. (2019). "El Convenio 190 de la Organización Internacional del Trabajo sobre la violencia y el acoso en el trabajo", *Revista de Derecho Social*, nº 88.

LOUSADA AROCHENA, F. y RON LATAS, R.P. (2015). "Una mirada periférica al teletrabajo, el trabajo a domicilio y el trabajo a distancia en el derecho español", pp. 31-46, en VILLALBA SÁNCHEZ, A. MELLA MÉNDEZ, L. *Trabajo a distancia y teletrabajo: estudios sobre su régimen jurídico en el derecho español y comparado*, Pamplona, Aranzadi.

LOUSADA AROCHENA, J. RON LATAS, R.P. (2018). "La negociación colectiva sobre la prevención de riesgos laborales: significación y delimitación de los espacios negociales", *Revista de Trabajo y Seguridad Social-CEF*, nº 247.

LUQUE PARRA, M.; GINÉS FABRELLAS, A. (2016). *Teletrabajo y prevención de riesgos laborales*, Confederación Española de Organizaciones Empresariales, Fundación para la Prevención de Riesgos Laborales, Confederación Española de Organizaciones Empresariales (CEOE).

MAGRO SERVET, V. (2020). "El coworking y la reserva de actividad profesional", *Diario La Ley*, nº 9559.

MASLACH, C. GOLDBERG, J. (1998). "Prevention of burnout: new perspectives", *Applied & Preventive Psychology-Cambridge University Press*, vol. 7, nº 1.

MARTÍN HERNÁNDEZ, M. L. (2020). "El derecho a la seguridad y salud laboral en el teletrabajo", *Revista Trabajo y Derecho*, nº 12.

MARTÍNEZ CUEVAS, A.J. (1995). "Comentarios y reflexiones sobre la nueva Ley de Prevención de Riesgos Laborales", *Aparejadores: boletín del Colegio Oficial de Aparejadores y Arquitectos técnicos de Sevilla*, nº 4.

MARTÍNEZ-ÍÑIGO, D. (2001). "Evolución del concepto de Trabajo emocional: dimensiones, antecedentes y consecuencias. Una revisión teórica", *Revista de psicología del Trabajo y de las Organizaciones*, nº 17.

MARTÍNEZ LÓPEZ, F. J. RUIZ FRUTOS, C. GARCÍA ORDAZ, M. (2008). "Teletrabajo: seguridad y salud sin importar la distancia", *Gestión Práctica de Riesgos Laborales*, nº 45.

MELÉNDEZ MORILLO-VELARDE, L. Los riesgos psicosociales asociados a las nuevas tecnologías implantadas en los puestos de trabajo. Análisis desde la perspectiva del derecho del trabajo, pp. 431-495, en SEMPERE NAVARRO, A.V. SAN MARTÍN MAZZUCCONI, C. (2014). *Tecnologías de la información y la comunicación en las relaciones de trabajo: nuevas dimensiones del conflicto jurídico,* León, Editorial Eolas.

MELÉNDEZ MORILLO-VELARDE, L. (2016). Nuevas tecnologías y riesgos psicosociales, *Nueva revista española de derecho del trabajo,* nº 184.

MELLA MÉNDEZ, L. (2020). Los retos de la prevención de riesgos laborales ante la digitalización de la empresa y las nuevas formas de trabajo, *Revista Española de Derecho del Trabajo,* nº 229.

MELLA MÉNDEZ, L. (2021). "Valoración crítica del RD-Ley 28/2020, en especial sobre la protección de la salud en el trabajo a distancia", p. 200, en RODRÍGUEZ-PIÑERO ROYO, M. TODOLÍ SIGNES, A. *Trabajo a distancia y Teletrabajo: análisis del marco normativo vigente,* Pamplona, Aranzadi.

MENDOZA NAVAS, N. (2008). "La vigilancia de la salud en la negociación colectiva", *Gestión Práctica de Riesgos Laborales,* nº 52.

MESSIA DE LA CERDA BALLESTEROS, F.J. (2000). "La prevención de riesgos laborales en el trabajo a distancia", *Descentralización productiva y nuevas formas organizativas del trabajo: X Congreso Nacional de Derecho del Trabajo y de la Seguridad Social, Zaragoza, 28 y 29 de mayo de 1999.*

MIÑARRO YANINI, M. (2020). "La incidencia de las tecnologías de la información y de la comunicación en la seguridad y salud en el trabajo. Protección de datos y prevención de riesgos. Violencia tecnológica en el trabajo. Medios de prevención", *Revista Documentación Laboral,* nº 119.

MOLINA NAVARRETE, C. (2001). "Una nueva patología de gestión en el empleo público: el acoso institucional (mobbing). Reflexiones a propósito de la STS 3ª, Sección 6ª, de 23 de julio de 2001, La Ley: *Revista jurídica española de doctrina, jurisprudencia y bibliografía,* nº 7.

MOLINA NAVARRETE, C. (2007). Nuevo cuadro de enfermedades profesionales, enfermedades del trabajo y riesgos psicosociales. ¿Una nueva oportunidad de modernización real perdida?, *Revista la Mutua,* nº 18.

MOLINA NAVARRETE, C. FERNÁNDEZ AVILÉS, J., *Análisis jurídico-crítico del modelo español regulador de las enfermedades relacionadas con el trabajo de origen psicosocial: desafíos y propuestas de solución,* p. 184, en AA.VV. (2018). Guía Calificación jurídica de las patologías causadas por riesgos psicosociales en el trabajo. Propuestas de Mejora, Secretaría de Salud Laboral y Medio Ambiente UGT-CEC.

MOLINA NAVARRETE, C. (2019). "Redes sociales digitales y gestión de riesgos profesionales: prevenir el ciberacoso sexual en el trabajo, entre la obligación y el desafío", *Diario La Ley*, nº 7871.

MOLINA NAVARRETE, C. (2019). *El ciberacoso en el trabajo*, Madrid, Wolters Kluwer.

MOLINA NAVARRETE, C. (2020). "La obligación de prevenir la violencia y el acoso cibernéticos en el trabajo como riesgos psicosociales emergentes", *Diario La Ley*, nº 11280.

MOLINA NAVARRETE, C. (2022). "Industria 5.0, ecosistemas de empresas y calidad de entorno laboral: de la ley de riders a la ley de nómadas digitales", *Revista de Trabajo y Seguridad Social-CEF*, nº. 1.

MONEREO PÉREZ, J.L. (2009). "Medio ambiente de trabajo y protección de la salud: hacia una organización integral de las políticas públicas de prevención de riesgos laborales y calidad ambiental", *Relaciones laborales: Revista crítica de teoría y práctica*, nº 10.

MONTOYA MEDINA, D. (2021). "Teletrabajo y prevención de riesgos laborales", *Revista Española de Derecho del Trabajo*, nº 243.

MORENO CÁLIZ, S. (2007). "Análisis de la reforma de las enfermedades profesionales virtudes y deficiencias", *Tribuna Social*, nº 203.

MUÑOZ RUIZ, A.B. (3 de mayo de 2022). ¿Es legítimo el reconocimiento de emociones en el entorno laboral?, *El foro de Labos*. https://www.elforodelabos.es/2022/05/derecho-a-la-desconexion-digital-comentario-a-la-stsj-de-madrid-de-21-2-2022/

MUÑOZ RUIZ, A.B. (2023). *Biometría y sistemas automatizados de reconocimiento de emociones: Implicaciones jurídico-laborales*, Valencia, Tirant lo Blanch.

MUÑOZ SALAS, M. (1998). "La prevención de riesgos laborales en España", *Péndulo: revista de ingeniería y humanidades*, nº 10.

NAVARRO NIETO, F. (2023). "Actualidad normativa y jurisprudencial en los derechos de conciliación de la vida familiar y laboral", *Revista Española de Derecho del Trabajo*, nº 262.

OEIJ, P., RUS, D. & POT, F. (2017). Workplace Innovation: Theory, Research and Practice. Cham, Switzerland: Springer.

OTERO APARICIO, M.J., VELÁZQUEZ FERNÁNDEZ, M.P. "Obligaciones respecto a los riesgos psicosociales", en TRUJILLO PONS, F. (2023). *Tratado práctico de prevención de riesgos laborales*, Atelier.

ORANGE, R. (2 de junio de 2019). La fórmula sueca para conciliar tiene que ver con la flexibilidad de los horarios de trabajo. El Diario. Recuperado de https://www.eldiario.es/internacional/theguardian/formula-lograr-conciliar-laboral-personal_1_2723974.html

PARAMIO PARAMIO, A. (2004). "El marco normativo de la prevención de riesgos laborales un año después de su reforma", *Revista Información laboral. Legislación y convenios colectivos*, nº 33.

PÉREZ CAMPOS, A.I. (2004). "Ámbito de aplicación de la Ley de Prevención de Riesgos Laborales: sujetos protegidos", *Revista del Ministerio de Trabajo e Inmigración*, nº 53.

PONS CARMENA, M. (2020). "Aproximación a los nuevos conceptos sobre violencia y acoso en el trabajo a partir de la aprobación del Convenio OIT 190", *Revista Labos*, vol. 1, nº 2.

POQUET CATALÁ, R. (2016). "Últimos perfiles del accidente de trabajo en misión", *Revista Lex social*, vol. 7, nº 1.

POQUET CATALÁ, R. (2017). "Accidente de trabajo in itinere en el teletrabajo: su difícil conjunción", *Revista Internacional y Comparada de Relaciones Laborales y Derecho del Empleo*, vol. 5, nº 4.

POQUET CATALÁ, R. (2020). *El actual sistema de calificación de enfermedades profesionales, ¿hacia un nuevo modelo?*, Accidentes de trabajo y enfermedades profesionales. Experiencias y desafíos de una protección social centenaria: Tomo I. IV Congreso Internacional y XVII Congreso Nacional de la Asociación Española de Salud y Seguridad Social.

REYES BARROSO, Mª.R., *La reparación del riesgo psicosocial por la seguridad social. Presente y futuro*, p. 276, en AAVV. (2007). Las enfermedades del trabajo: nuevos riesgos psicosociales y su valoración en el derecho de la protección social, Ministerio de Trabajo y Asuntos sociales.

RIVAS VALLEJO, P. (2010). "Conciliación de la vida privada y profesional: consecuencias y mentas en el derecho comunitario y en el derecho español", *La Ley*, nº 1.

RIVERO LAMAS, J. (2003). "Proyecciones de la descentralización productiva: Instrumentación jurídico-laboral", pp. 23-62, en DE VAL TENA, A. L. RIVERO LAMAS, J.R. *Descentralización productiva y responsabilidades empresariales: el outsourcing*, Navarra, Aranzadi.

RODRÍGUEZ ESCANCIANO, S. (2020). *Los riesgos psicosociales en el teletrabajo a domicilio bajo las coordenadas de la nueva economía "low touch"*, p. 685, en AA.VV. Accidentes de trabajo y enfermedades profesionales. Experiencias y desafíos de una protección social centenaria: Tomo II. IV Congreso Internacional y XVII Congreso Nacional de la Asociación Española de Salud y Seguridad Social.

RODRÍGUEZ GONZÁLEZ, S. (2011). "Conciliación y corresponsabilidad entre la vida laboral y familiar: aspectos relevantes en su regulación y análisis de la directiva 2010/18/UE", *Anales de la facultad de Derecho*, nº 28.

RODRÍGUEZ INIESTA, G., *Evolución y concreción legal de la noción de enfermedad profesional*, p. 115, en AAVV. (2007). Las enfermedades profesionales desde la perspectiva de la seguridad social, Ministerio de trabajo e Inmigración.

RODRÍGUEZ RODRÍGUEZ, E. (2021). "De la conciliación a la corresponsabilidad en el tiempo de trabajo: un cambio de paradigma imprescindible para conseguir el trabajo decente", *Lex Social: Revista De Derechos Sociales*, Vol. 11, nº 1.

ROMERO PEDRAZ, S. VARELA FERRIO, J. (2021). "Teletrabajo y Corresponsabilidad", *Servicios de Estudios UGT*, nº 16.

SABADELL, M. RIMBAU GILABERT, E. (2020). "La prevención de riesgos laborales ante la digitalización", *Capital Humano: revista para la integración y desarrollo de los recursos humanos,* nº 352.

SABADELL-BOSCH, M.M. y GARCÍA GONZÁLEZ, G. (2015). "La difícil conciliación de la obligación empresarial de evaluar los riesgos con el teletrabajo", *Oikonomics: Revista de economía, empresa y sociedad*, nº 4.

SABADELL-BOSCH, M., DE LAS HERAS GARCÍA, A. *Obligaciones y responsabilidades respecto a la transformación digital y al teletrabajo*, p. 475, en TRUJILLO PONS, F. (2023). Tratado práctico de prevención de riesgos laborales, Barcelona, Atelier.

SÁNCHEZ PÉREZ, J. (2014). "Ámbito del accidente de trabajo en misión", *Revista Doctrinal Aranzadi Social*, nº 9.

SÁNCHEZ PÉREZ, J. (2016) "El síndrome del trabajador quemado (*burn out*): su contenido y su polémico encuadramiento jurídico-laboral", *Revista de Información Laboral*, nº 5.

SÁNCHEZ-TOLEDO LEDESMA, A. (2004). "La Ley 54/2003 de 12 de diciembre, de reforma del marco normativo de la prevención de riesgos laborales", *UNE: Boletín mensual de AENOR*, nº 180.

SÁNCHEZ-TOLEDO LEDESMA, A. (2006). "Diez años de la Ley 31/1995 de prevención de riesgos laborales", *UNE: Boletín mensual de AENOR*, nº 205.

SÁNCHEZ TRIGUEROS, C., KAHALE CARRILLO, D.T. (2016). "Las enfermedades psicosociales y su consideración como enfermedad del trabajo", *Anales de Derecho*, nº 1.

SÁNCHEZ TRIGUEROS, C., CONDE COLMENERO, P. (2008). "La protección social y los riesgos psicosociales", *Anales de Derecho*, nº 26.

SANGUINETI RAYMOND, W. (2015). "El acuerdo para el empleo y la negociación colectiva, 2015, 2016 y 2017", *Trabajo y Derecho: nueva revista de actualidad y relaciones laborales*, nº 9.

SANGUINETI RAYMOND, W. (2018). "El acuerdo para el empleo y la negociación colectiva, 2018, 2019 y 2020", *Trabajo y Derecho: nueva revista de actualidad y relaciones laborales*, nº 45.

SALA FRANCO, T, *El deber de protección al trabajador en materia de seguridad y salud laboral* en *DS: Derecho y salud*, 1996, nº. 1.

SALANOVA SORIA, M. (2007). "Nuevas tecnologías y nuevos riesgos psicosociales en el trabajo", *28 de abril-Revista digital de salud y seguridad en el trabajo*, nº 1.

SALANOVA, M., GRAU, R., LLORENS, S. Y SCHAUFELI, W. B. (2001). "Exposición a las tecnologías de la información, burnout y engagement: el rol modulador de la autoeficacia relacionada con la tecnología". *Revista de Psicología Social Aplicada*, nº 11.

SALVADOR ÁLVAREZ, N. y DOMINGO MONFORTE, J. (2020). "Hiperconectividad digital y salud laboral", *Diario La Ley*, nº 9645.

SERRANO GARCÍA, J.Mª. (2009). "El teletrabajo parcial como instrumento para la conciliación en la negociación colectiva", *Revista de Derecho Social*, nº 45.

SCOTT, K. MOORE, K. MICELI, M. (1997). An exploration of the meaning and consequences of workaholism, *Human Relations*, vol. 50, nº 3.

SELINGO, J. (2018). The False Promises of Worker Retraining. Retrieved from The Atlantic: https://www.theatlantic.com/education/archive/2018/01/the-false-promises-of-worker-retraining/549398/

SELMA PENALVA, A. (2016). "El accidente de trabajo en el teletrabajo. Situación actual y nuevas perspectivas", *Revista Temas Laborales*, nº 134.

SELMA PENALVA, A. (2023). "El accidente de trabajo en el teletrabajo", *Cielo Laboral.*

SEMPERE NAVARRO, A. (1996). "La ley de prevención de riesgos laborales", *Revista Actualidad Jurídica Aranzadi*, nº 234.

SEMPERE NAVARRO, A.V. LUJÁN ALCARAZ, J. (1996). "Accidente de trabajo in itinere. (Comentario a la STSJ Castilla-La Mancha 11 julio 1996)", *Revista Doctrinal Aranzadi Social*, nº 6.

SEMPERE NAVARRO, A. (1999). "Una reflexión crítica sobre el accidente in itinere", *Revista Doctrinal Aranzadi Social*, nº 6.

SEMPERE NAVARRO, A.V. (2001). "La protección de la enfermedad profesional: planteamientos para su modificación", *Revista Doctrinal Aranzadi social*, nº 5.

SEMPERE NAVARRO, A.V. (2007). "Rectificación del concepto de accidente de trabajo en misión. Comentario a la STS de 6 de marzo de 2007", *Repertorio de Jurisprudencia*, nº 9.

SIERRA BENÍTEZ, E. M. (2011). *El contenido de la relación laboral en el teletrabajo, Consejo Económico y Social de Andalucía.*

SIERRA BENÍTEZ, E. M. (2013). La nueva regulación del trabajo a distancia, *Revista Internacional y Comparada de Relaciones Laborales y Derecho al Empleo*, vol. 1, nº 1.

SIERRA BENÍTEZ, E. M. (2014). *Buenas y/o "malas" prácticas jurídico-laborales en el teletrabajo como fórmula de implantación del trabajo remoto en las empresas privadas*, p. 31, en ROALES PANIAGUA, E, *Buenas prácticas jurídico-procesales para reducir el gasto social (II).*

SIERRA BENÍTEZ, M. (2020). "¿Se mantiene el carácter preferente del trabajo a distancia en su nueva regulación", *E-Revista Internacional de la Protección Social*, Vol. 5, nº 2.

THIBAULT ARANDA, X. (2000). *El Teletrabajo. Análisis jurídico-laboral*, Madrid, Consejo Económico y Social.

THIBAULT ARANDA, X. (2020). "Toda crisis trae una oportunidad: el trabajo a distancia", Revista Trabajo y Derecho, nº 12.

TITO MAYA, M. SERRANO ORELLANA, B. (2016). "Desarrollo de soft skills una alternativa a la escasez de talento humano", *INNOVA Research Journal*, vol. 1, nº 12.

TODOLÍ SIGNES, A. (2020). "La regulación del trabajo a distancia", *Revista derecho de las relaciones laborales*, nº 11.

TURBAN, S., FREEMAN, L. WABER, B. (2017). A Study Used Sensors to Show That Men and Women Are Treated Differently at Work. Retrieved from Harvard Business. Recuperado de https://hbr.org/2017/10/a-study-used-sensors-to-show-that-men-and-women-are-treated-differently-at-work

VALDÉS DAL-RÉ, F. (2010). "El acuerdo para el empleo y la negociación colectiva (2010, 2011 y 2012)", *Revista Derecho de las relaciones laborales,* nº 7.

VALDÉS DAL-RÉ, F. (2015) El III acuerdo para el empleo y la negociación colectiva (2015, 2016 y 2017), *Revista Derecho de las relaciones laborales,* nº 4.

VALDÉS DAL-RÉ, F. (2018). "El IV acuerdo para el empleo y la negociación colectiva (2018, 2019 y 2020)", *Revista Derecho de las relaciones laborales,* nº 7.

VALVERDE ASENCIO, A.J. "Descentralización productiva y prevención de riesgos laborales", pp. 303-360, en DEL REY GUANTER, S. LUQUE PARRA, M. (2001). *Descentralización productiva y relaciones laborales: problemática jurídica actual,* Editorial Lex Nova.

VELÁZQUEZ FERNÁNDEZ, M. (2019). "El Convenio 190 de la OIT sobre violencia y acoso en el trabajo: principales novedades y expectativas", *Estudios financieros-Revista de trabajo y seguridad social: comentarios, casos prácticos, recursos humanos,* nº 437-438.

VICENTE ANDRÉS, R. (2021*). Accidentes de trabajo. "Aspectos procesales",* Madrid, Wolters Kluwer.

YAGÜE BLANCO, S. (2021). "Violencia y acoso en el trabajo: Un análisis del nuevo concepto a la luz del 190º convenio de la OIT", *Revista Inclusiones: Revista de Humanidades y Ciencias Sociales,* vol. 8, nº extra-4.

ZAFRA MATA, D. (2016). "La calificación del accidente de trabajo por el Tribunal Supremo", *Revista del Ministerio de Empleo y Seguridad Social: Revista del Ministerio de Trabajo, Migraciones y Seguridad Social,* nº 124.

ZARRAQUIÑOS ELORZA, I., GONZÁLEZ SUÁREZ, J.A. (2010). "Inteligencia emocional: una eficaz herramienta para la prevención de riesgos laborales, *Gestión Práctica de riesgos Laborales,* nº 73.

Jurisprudencia

Tribunal de Justicia de la Unión Europea (TJUE)

STJUE de 10 de septiembre de 2015, asunto Tyco.

STJUE de 7 de septiembre de 2016, asunto Commission versus United Kingdom.

STJUE de 21 de febrero de 2018, asunto Ville de Nivelles.

STJUE de 28 de octubre de 2021, asunto BX versus Unitatea Administrativ Teritorial. STJUE de 9 de marzo de 2021 (C-580/19 y C-344/19).

STJUE de 11 de noviembre de 2021 (C-214/20).

Tribunal Constitucional (TC)

Recurso de amparo núm. 59/1983

Cuestión de inconstitucionalidad núm. 2829/1994

Recurso de amparo núm. 892/1995

Recurso de amparo núm. 901/2018

Tribunal Supremo Sala de lo Social (TS)

Recurso de casación por infracción de ley núm. 3054/1986

Recurso de casación por infracción de ley núm. 2578/1986

Recurso de casación para la unificación de doctrina núm. 1333/1990

Recurso de casación para la unificación de doctrina núm. 336/1991

Recurso de casación para la unificación de doctrina núm. 460/1991

Recurso de casación para la unificación de doctrina núm. 462/1991

Recurso de casación para la unificación de doctrina núm. 1720/1991

Recurso de casación para la unificación de doctrina núm. 2669/1991

Recurso de casación para la unificación de doctrina núm. 2685/1996

Recurso de casación para la unificación de doctrina núm. 3927/1996

Recurso de casación para la unificación de doctrina núm. 923/1997

Recurso de casación para la unificación de doctrina núm. 3414/2000

Recurso de casación para unificación de doctrina núm. 236543/2003

Recurso de casación para la unificación de doctrina núm. 2990/2004

Recurso de casación para la unificación de doctrina núm. 4031/2004

Recurso de casación para la unificación de doctrina núm. 210/2006
Recurso de casación para la unificación de doctrina núm. 853/2006
Recurso de casación para la unificación de doctrina núm. 2579/2006
Recurso de casación para la unificación de doctrina núm. 3543/2006
Recurso de casación para la unificación de doctrina núm. 10896/2007
Recurso de casación para la unificación de doctrina núm. 1810/2008
Recurso de casación para la unificación de doctrina núm. 3816/2008
Recurso de casación para la unificación de doctrina núm. 804/2010
Recurso de casación para la unificación de doctrina núm. 1420/2010
Recurso de casación para la unificación de doctrina núm. 170/2011
Recurso de casación para la unificación de doctrina núm. 1847/2012
Recurso de casación para la unificación de doctrina núm. 2315/2012
Recurso de casación para la unificación de doctrina núm. 726/2013
Recurso de casación para la unificación de doctrina núm. 644/2015
Recurso de casación para la unificación de doctrina núm. 4123/2015
Recurso de casación para la unificación de doctrina núm. 1777/2016
Recurso de casación para la unificación de doctrina núm. 3345/2016
Recurso de casación para la unificación de doctrina núm. 2648/2018
Recurso de casación para la unificación de doctrina núm. 422/2022

Tribunal Superior de Justicia (TSJ)

Recurso de suplicación núm. 500/2004
Recurso de suplicación núm. 831/2004
Recurso de suplicación núm. 209/2007
Recurso de suplicación núm. 178/2008
Recurso de suplicación núm. 1329/2008
Recursos de suplicación núm. 435/2010
Recurso de suplicación núm. 4927/2011
Recurso de suplicación núm. 1091/2013
Recurso de suplicación núm. 47/2014
Recurso de suplicación núm. 509/2014
Recurso de suplicación núm. 1404/2014
Recurso de suplicación núm. 2941/2014
Recurso de suplicación núm. 3001/2015
Recurso de suplicación núm. 1/2016
Recurso de suplicación núm. 1240/2016

Recurso de suplicación núm. 1309/2016
Recurso de suplicación núm. 1707/2016
Recurso de suplicación núm. 1648/2017
Recurso de suplicación núm. 246/2018
Recurso de suplicación núm. 799/2018
Recurso de suplicación núm. 846/2018
Recurso de suplicación núm. 2320/2018
Recurso de suplicación núm. 216/2021

Juzgados de lo Social (JS)

Sentencia núm. 188/2004 del Juzgado de lo Social núm. 1 de Alicante.
Sentencia núm. 199/2021 del Juzgado de lo Social núm. 3 de Girona.

Convenios colectivos

Resolución de 2 de marzo de 2020, de la Dirección General de Trabajo, por la que se registra y publica el Convenio colectivo estatal de estaciones de servicio, BOE núm. 62, de 11 de marzo de 2020.

Resolución de 10 de marzo de 2020, de la Dirección General de Trabajo, por la que se registra y publica el Convenio colectivo de Innometal 2019, SL., BOE núm. 134, de 13 de mayo de 2020.

Resolución de 19 de marzo de 2020, de la Dirección General de Trabajo, por la que se registra y publica el Convenio colectivo de EDF Fenice Ibérica, SLU., BOE núm. 134, de 13 de mayo de 2020.

Resolución de 29 de julio de 2020, de la Dirección General de Trabajo, por la que se registra y publica el Convenio colectivo de Recuperación de Materiales Diversos, SA., BOE núm. 219, de 14 de agosto de 2020.

Resolución de 17 de marzo de 2021, de la Dirección General de Trabajo, por la que se registra y publica el XXIV Convenio colectivo del sector de la banca. BOE núm. 76, de 30 de marzo de 2021.

Resolución de 15 de septiembre de 2021, de la Dirección General de Trabajo, por la que se registra y publica el III Convenio colectivo de Kutxabank, SA. BOE núm. 231, de 27 de septiembre de 2021.

Resolución de 23 de mayo de 2022, de la Dirección General de Trabajo, por la que se registra y publica el Convenio colectivo de ámbito estatal para las industrias del frío industrial. BOE núm. 131, de 2 de junio de 2022.

Resolución de 11 de junio de 2020, de la Dirección General de Trabajo, por la que se registra y publica el Convenio colectivo de Teleinformática y Comunicaciones, SAU. BOE núm. 173, de 22 de junio de 2020.

Resolución de 7 de junio de 2022, de la Dirección General de Trabajo, por la que se registra y publica el Convenio colectivo de Thales España GRP, SAU. BOE núm. 145, de 18 de junio de 2022.

Resolución de 27 de febrero de 2023, de la Dirección General de Trabajo, por la que se registra y publica el XX Convenio colectivo nacional de empresas de ingeniería; oficinas de estudios técnicos; inspección, supervisión y control técnico y de calidad. BOE núm. 59, de 10 de marzo de 2023

Resolución de 9 de marzo de 2023, de la Dirección General de Trabajo, por la que se registra y publica el Convenio colectivo estatal para las industrias de curtido, correas y cueros industriales y curtición de pieles para peletería. BOE núm. 69, de 22 de marzo de 2023.

Resolución de la Delegada Territorial de Trabajo, y Seguridad Social de Bizkaia del Departamento de Trabajo y Empleo, por la que se dispone el registro, publicación y depósito del Convenio Colectivo de la empresa 3DB Consultores, S.L. BOP núm. 80, de 26 de abril de 2023.

Resolución de inscripción e publicación do convenio colectivo de TELEVES S.A.U. 2022-2025, para o seu centro de traballo de Santiago de Compostela. BOP núm. 107, de 7 de junio de 2023.

Resolución de 30 de mayo de 2023, de la Dirección General de Trabajo, por la que se registra y publica el III Convenio colectivo de ámbito estatal del sector de contact center. BOE núm. 137 de 8 de junio de 2023.